O RESGATE de um FUZILEIRO

Como Deus me tirou de um fundo poço existencial

O Resgate de um Fuzileiro
Como Deus me tirou de um fundo poço existencial
por Aluísio Laurindo da Silva
© Publicações Pão Diário, 2021
Todos os direitos reservados.

Coordenação editorial: Adolfo A. Hickmann
Revisão: João Ricardo Morais
Coordenação gráfica: Audrey Novac Ribeiro
Projeto gráfico: Rebeka Werner
Imagens internas:
3º SG-FN-IF JULIANO, Relações Públicas do Batalhão Humaitá;
3º SG-FN-IF ALBUQUERQUE, Comunicação Social do Batalhão Riachuelo;
Felipe Amaral, disponível em: https://www.warfareblog.com.br/2020/02/
operacao-dragao-iii-dos-fuzileiros.html

Dados Internacionais de Catalogação na Publicação (CIP)

SILVA, ALUÍSIO LAURINDO DA
O Resgate de um Fuzileiro: como Deus me tirou de um fundo poço existencial
Curitiba/PR, Publicações Pão Diário
1. Vida cristã   2. Companheirismo   3. Resiliência   4. Vocação   5. Superação

---

Proibida a reprodução total ou parcial sem prévia autorização por escrito da editora.
Todos os direitos reservados e protegidos pela Lei 9.610, de 19/02/1998.
Permissão para reprodução: permissao@paodiario.org
Contatos com o autor podem ser feitos pelo e-mail: capelaoaluisio@hotmail.com

Exceto quando indicado o contrário, os trechos bíblicos mencionados são da edição Revista e
Atualizada de João F. de Almeida © 2009 Sociedade Bíblica do Brasil.

Publicações Pão Diário
Caixa Postal 4190
82501-970 Curitiba/PR, Brasil
publicacoes@paodiario.org
www.publicacoespaodiario.com.br
Telefone: (41) 3257-4028

Código: J9822
ISBN: 978-65-87506-35-7

1.ª impressão 2021
Impresso no Brasil

Uma obra cheia de inspiração da presença orientadora de Deus na vida e ministério do autor, Rev. Aluísio Laurindo da Silva. Uma autobiografia escrita com transparência, fidelidade, humildade, emoção e evidências do toque de Deus nas diversas etapas de vida do escritor. Ele consegue, de forma muito afetiva, transmitir **lições de vida** e, especialmente, um testemunho vigoroso do resgate da graça divina em seu viver: "Bendito seja Deus que me amou, me alcançou e me resgatou das forças mortais que ameaçaram se apoderar de mim e que quase me fizeram naufragar no oceano da vida". O autor oferece pistas importantes para os desafios do ministério total da Igreja. Com alegria, recomendo a leitura do livro: *O Resgate de um Fuzileiro.*

ADRIEL DE SOUZA MAIA — BISPO EMÉRITO DA IGREJA METODISTA

O presente livro é uma autobiografia de um período específico da vida do Rev. Aluísio. É um livro que pode ser usado como **motivacional** de **autoajuda** por tratar de fatos que aconteceram com um homem real e que nos mostram que não importa o quão falhos fomos ou somos. Mesmo assim, se ouvirmos a voz de Deus e pararmos de lutar contra essa voz, **seremos vitoriosos**.

ANIELLE LOPES LAURINDO

O livro *O Resgate de um Fuzileiro* é, nos seus primeiros capítulos, o retrato fiel da realidade enfrentada por muitos jovens crentes que ingressam na carreira ou serviço militar: longe dos cuidados familiares e eclesiásticos, **são desafiados a viverem sua fé** num novo mundo de oportunidades e perigos. Diante da batalha espiritual, alguns sucumbem. Mas o amor de Deus, revelado em Cristo Jesus, age em busca do ser humano perdido.

A experiência vivida pelo soldado fuzileiro Aluísio é, portanto, um **exemplo do poder de Deus** que resgata o ferido na batalha e uma inspiração para todos os militares cristãos. Trata-se de um texto agradável e inspirador, no qual a experiência com Deus ao longo da juventude do Pastor Aluísio é a maior marca. Uma vida dedicada ao serviço da Pátria brasileira e da Pátria celestial.

PASTOR CLÁUNEI CRÍSTIAN DELGADO DUTRA — MAJOR CAPELÃO DA FORÇA AÉREA BRASILEIRA

Conhecer detalhes sobre a trajetória de um dos meus mentores ministeriais é um **grande privilégio**! Esse fuzileiro que conta a história do seu próprio resgate tem resgatado direta e indiretamente muitos outros. Certamente que as experiências aqui relatadas podem **enriquecer a vida cristã** de quem as lê, assim como a vida do autor da autobiografia tem enriquecido a tantos quantos estão à sua volta.

TENENTE CORONEL CAPELÃO, PASTOR GISLENO GOMES DE FARIA ALVES
— CHEFE DO SERVIÇO DE ASSISTÊNCIA RELIGIOSA DA PMDF

O apóstolo Pedro era pescador até receber o chamado de Nosso Senhor Jesus Cristo para **deixar de pescar peixes e passar a pescar homens**. Os caminhos da vida não são nossos, e sim do plano de Deus. Vemos isso na vida do Ver. Aluísio, que iniciou sua trajetória como defensor da Pátria, ostentando o uniforme de um Fuzileiro Naval em sua juventude, mas logo em seguida, recebeu o chamado para doar sua vida e defender a Humanidade dos males que nos afetam, usando como arma a Palavra do Senhor!

É uma honra para o Corpo de Fuzileiros Navais ter contado com a presença do jovem Aluísio em suas fileiras, e uma satisfação ver que a sua trajetória em seguida foi abençoada e vencida com brilhantismo por este veterano e **homem de Deus**.

CAPITÃO DE MAR E GUERRA, FUZILEIRO NAVAL, DIRLEI DONIZETTE CÔDO — ANTIGO COMANDANTE DO 2º BATALHÃO DE INFANTARIA DE FUZILEIROS NAVAIS — BATALHÃO HUMAITÁ

O leitor encontrará nestas páginas a **superação de vida** de um homem que quis satisfazer seu desejo de revelar, principalmente aos mais jovens, os mistérios do percurso da vida num modo de ver, sentir e viver melhor a dura realidade do mundo. Esta história nos é colocada com fatos e revelações diante de assuntos complexos da vida, os quais poderiam ser resolvidos rapidamente, mas que, muitas vezes, se agravam a ponto de causar rupturas internas nas relações pessoais.

Ressalto a forma de explorar os múltiplos ensinamentos que podemos extrair de cada passagem deste livro como reflexão para a nossa própria vida: o homem conquista, devagar e arduamente a sua liberdade, pautado no desapego, renúncia, mas também aceitação da vida tal como se apresenta. Não existe libertação verdadeira se não vier do Alto. Assim diz Paulo aos Romanos: "Não se amoldem ao padrão deste mundo, mas transformem-se pela renovação da sua mente, para que sejam capazes de experimentar e comprovar a boa, agradável e perfeita vontade de Deus" (Rm 12,2).

PADRE EMANUEL TEIXEIRA PEREIRA SILVA (CMG-RM1-CN) — EX-CAPELÃO-CHEFE DA MARINHA DO BRASIL

Li *O Resgate de um Fuzileiro* entre sorrisos e lágrimas. Um livro que fala de vida, de vida real e concreta, a vida de um rapaz feito Fuzileiro Naval, que foi feito em pastor, que foi feito Capelão, que foi feito líder de militares. Não é somente o autor que se reconciliou com a vida. De fácil leitura, somos reconciliados também à vida, como que num novo resgate, o nosso próprio.
Não seria melhor o momento em que nos encontra esta obra tão encharcada de fé, esperança e vida.

É muito encantadora esta obra do Rev. Aluísio Laurindo. Encantadora e corajosa! O autor se deixa resgatar por todos que o lerem. Encantadora, corajosa e oportuna, tanto para os militares em sua formação de alma, quanto para todos nós, carentes de vida e esperança. Neste livro, descobrimos que o lema dos Fuzileiros Navais precisa ser dito em todo tempo por todos nós: *AD SUMUS*! "Aqui estamos!" Sobretudo o lema do maior dos resgates: *AD SUMUS DOMINI*! "Aqui estamos, Senhor!"

"Então, meu filho, você está indo porque não tive condições de cuidar de você aqui?!"- perguntou Sr. José Laurindo ao seu filho, autor de "O Resgate de um Fuzileiro". A resposta está no livro todo. Então, deixe que o coração deste livro pulse junto com o seu, e descubra que o resgate de um pode e deve ser vivido por todos nós.

PASTOR CAPELÃO NAVAL ROGÉRIO DOS SANTOS MIRANDA — CAPITÃO DE FRAGATA DA MARINHA DO BRASIL

Este livro traz memórias do Rev. Aluísio que são extremamente significativas para mim. Elas **revelam um pouco mais quem é meu pai**, a quem tenho como uma das referências para formação de minha personalidade. Estas memórias testemunham o poder transformador da Graça de Deus na vida de um jovem fuzileiro, quando o perdão impediu que a comunicação violenta de meu bisavô Alício e de meu avô José fossem reproduzidas por meu pai, na sua relação com os filhos. Graça que resgata sujeitos, famílias, comunidades e classes sociais, sedentas do amor e justiça divinos.

Recomendo a leitura deste livro aos sedentos por um sentido maior para a vida, aos feridos que desejam cura, aos guerreiros que perceberam que lhes falta a sensibilidade humana.

GIDALTI GUEDES DA SILVA

O que eu posso dizer sobre *O Resgate de um Fuzileiro*...

Uma história envolvente, com uma narrativa tão bem elaborada que nos faz sentir no ambiente dos eventos, entendendo bem de perto o contexto das emoções descritas. É como se estivéssemos diante de uma tela de cinema. O texto, como um diamante lapidado, ajuda-nos a entender o valor e a riqueza de uma alma que, de forma apaixonada, não mediu e não economizou esforços em disciplinar o próprio coração em seu engajamento. É ao mesmo tempo empolgante e inspirador acompanhar o passo a passo um relato cuja experiência claramente justifica o título dado ao livro.

Eu super recomendo a sua leitura. Como uma fonte de água, tenho certeza de que todos aqueles que dela beberem, perceberão que se trata de água pura que fortalece, refrigera e sacia a sede que todos temos de boas referências e exemplos. Boa leitura!!!

REV. HUDSON FARIA DOS SANTOS — IGREJA CRISTÃ EVANGÉLICA VIDA NOVA, CAPELÃO VOLUNTÁRIO DA ACMEB JUNTO AO CBMGO

Ele se entregou em resgate por todos... (1 Timóteo 2:6)

Gosto de pensar e refletir sobre o tema *resgate* e no seu significado. Segundo o dicionário, *resgate* é o ato ou o efeito de resgatar, mediante o pagamento de uma quantia determinada. Como sabemos, fomos resgatados por Cristo Jesus. Ele pagou o preço necessário pela nossa liberdade. Ele derramou cada gota de seu sangue para garantir a nossa liberdade, mas Cristo nos deu uma missão no evangelho de Marcos 16:15 e nos disse "Ide por todo mundo e pregai o evangelho a toda criatura".

O Ide é uma missão para todos. Levar o amor de Deus para todos deve ser a coisa mais importante na vida de um filho de Deus. Levar para os outros o amor que Cristo nos alcançou, não é somente para aqueles que estão próximos de nós, mas sobretudo aqueles que sofrem.   Deus nos chama para sairmos da nossa zona de conforto para levarmos o amor dele para todas as nações.

Acredito que, através do livro *O Resgate de um Fuzileiro*, o autor esforçou para entrar no túnel do tempo e nos presentear com lindas e edificantes reminiscências, e com certeza nos resgata para entender a vontade de Deus para edificarmos nossa própria história.
Que Deus o abençoe, proteja e ilumine. Forte e fraterno abraço.

TENENTE CORONEL CAPELÃO, PE. MARCELO JOSÉ DE SOUSA — CHEFE DO SERVIÇO DE ASSISTÊNCIA RELIGIOSA DO EXÉRCITO BRASILEIRO

Ler o livro *O Resgate de um Fuzileiro* me fez **reforçar a crença** de que as Forças Armadas, além de sua tarefa constitucional de defesa da pátria, preparando brasileiros para uma possível guerra, têm um relevante papel de formar cidadãos conscientes e responsáveis. Os conhecimentos massificados desde o período de formação extrapolam o meramente técnico-profissional, incluindo também a moral, a ética e os valores.

Ao formarmos soldados, formamos também bons cidadãos, bons pais, bons filhos, bons profissionais. Não raro, os combatentes se transformam em engenheiros, advogados, médicos, professores, líderes religiosos. E o Reverendo Aluísio é um desses exemplos.

Temos algo em comum: além de sermos Fuzileiros Navais, temos como marca indelével em nossas almas a passagem pelo Batalhão Riachuelo, *Cellula Mater* dos Combatentes Anfíbios. Embora defasados no tempo (meio século) e nas funções, nossa passagem pelo Riachuelo nos proporcionou experiências de nível espiritual.

Seu livro nos traz o testemunho de um homem de origem simples que, como tantos outros por esse país afora, enveredou pela carreira militar, conheceu os vícios da cidade grande e se redimiu, baseado nos seus firmes valores morais e espirituais, e alicerçado em sua fé em Deus. Adiante, ele deixou a vida militar para cumprir sua vocação religiosa, mas a vida militar não saiu dele. Prova disso é que se tornou Capelão, proporcionando alívio espiritual e possibilidade de redenção a outros militares.

Recomendo a leitura desta obra a todos os que se interessam pela vida militar como fenômeno social, mas principalmente àqueles que buscam entender como a carreira militar e a vida sacerdotal são absolutamente homólogas.

CMG (FN) LUCIANO DIAS DUTRA — ANTIGO COMANDANTE DO 1º BATALHÃO DE INFANTARIA DE FUZILEIROS NAVAIS, BATALHÃO RIACHUELO

Uma aventura empolgante, permeada de citações bíblicas e relatos de experiências de vida e superações. A obra apresenta a trajetória exitosa de um homem de origem humilde, porém dotado de fina educação, bondade e valores morais, éticos e espirituais.

A profícua caminhada do talentoso Ver. Aluísio foi permeada por ensinamentos e determinação angariados e consolidados durante sua voluntária passagem pela Marinha do Brasil. Após reconciliar-se com Deus e consigo mesmo, rendeu-se à vontade do Espírito Santo e declarou "Senhor, deixarei tudo que for preciso por causa do teu Ministério". E nesse mister tem perseverado até hoje.

MAJOR R/1 DO EXÉRCITO BRASILEIRO RUBENS FERREIRA DOS SANTOS — SECRETÁRIO GERAL DA ALIANÇA EVANGÉLICA PRÓ CAPELANIA MILITAR E DE SEGURANÇA PÚBLICA DO BRASIL (ACMEB)

Observando atentamente o conjunto da obra, ela será uma bênção para os irmãos da caserna. Ao examinarem com atenção esta obra, verão a necessidade de atender e dar assistência aos irmãos que chegarão às suas unidades, muitos dos quais, jovens, servos do Senhor, que estarão longe de suas igrejas e famílias, necessitando de um apoio espiritual para sua caminhada como servos e militares, dando testemunho da fé uma vez dada aos santos. Glorifico ao Senhor pela vida do Ver. Aluísio. Que o Senhor continue abençoando o seu ministério.

PASTOR PEDRO DE MOURA — EX-INTEGRANTE DO BATALHÃO RIACHUELO

É com muita emoção que recomendamos aos queridos leitores essa obra literária, que representa um histórico da vida do autor- Pr. Aluísio, desde quando deixou sua terra natal rumo à Cidade Maravilhosa do Rio de Janeiro, a fim de se tornar um Fuzileiro Naval da Marinha do Brasil. Vamos conhecer os desafios próprios de sua jovial idade, para alcançar tais objetivos. Que aventura! Agora, se tornara um fuzileiro como era seu desejo. O livro vai contar essa história, mostrando como o Autor foi resgatado das trevas para a verdadeira luz, que é Jesus.

A leitura deste livro é interessantíssima, atraente e tem como propósito mostrar o que Deus pôde fazer no resgate de um fuzileiro naval, antes perdido, mas depois, redimido por Cristo, preparado ao Ministério Pastoral e que agora encontra-se atuando como Capelão do Corpo de Bombeiros para resgatar outros militares da escravidão do pecado, numa nobre missão evangelística, como testificam os seus irmãos endossantes. Vale a pena ler essa verídica história!

GESSÉ LAURINDO DA SILVA (*IN MEMORIAM*)**, ELIZETE SILVA AMORIM,
JOSÉ LAURINDO FILHO E DORCAS RODRIGUES SILVA DE RECAMAN**

Certa ocasião, uma aeronave, em plena travessia no Mar do Norte, teve um imprevisto, prenunciando uma catástrofe. O sistema elétrico do avião não funcionava. Por isso, não era possível obter, pelo rádio, as informações necessárias para um pouso numa noite de nevoeiro intenso. Quando tudo parecia perdido e o combustível já se esgotava nos tanques, apareceu uma ajuda surpreendente. Outra aeronave surgiu na escuridão e guiou para um pouso seguro o piloto desesperado, dando-lhe naquela noite o conforto da terra firme. Esse avião imprevisto e providencial era o pastor ou *The Shepherd*, assim denominado e criado para socorrer os aviadores nos céus deste mundo. Eu, como piloto, vejo o Ver. Aluísio Laurindo da Silva como um dedicado e **verdadeiro pastor**, sempre orientando os passos de suas ovelhas neste solo pátrio, eterna glória de um valoroso Fuzileiro Naval.

NYLSON DE QUEIROZ GARDEL — CORONEL-AVIADOR DA FORÇA AÉREA BRASILEIRA

O Resgate de um Fuzileiro é um tesouro que permaneceu guardado durante décadas em uma mente privilegiada e em um coração transformado por Deus e que, agora, é colocado à disposição de leitores interessados em experiências reais e marcantes.

Todo o seu enredo registra a fascinante história de um jovem simples, íntegro e persistente, que deixou a sua terra natal e a sua parentela para desbravar um mundo sonhado, mas desconhecido. Ao lê-lo, inevitavelmente, o leitor é levado a perceber que quem procura lograr um futuro melhor, submete-se, também, a obstáculos intransponíveis caso não conte inteiramente com o auxílio divino.

Ratifica-se nesta história o que temos dito e cantado: "quando Deus escolhe alguém, Ele mesmo faz". Leia e constate você também!

REV. WALTER PEREIRA DE MELLO — TEN CEL CAPELÃO R/1 DO EXÉRCITO BRASILEIRO

AGRADECIMENTOS

Ao Senhor Deus: a quem devo por duas vezes minha própria vida e as demais bênçãos recebidas.

Aos meus pais, José e Emiliana (*in memoriam*): por terem introduzido meus primeiros passos nos caminhos do Senhor.

À Marinha do Brasil e ao Corpo de Fuzileiros Navais: por me terem me aceitado como membro de sua gloriosa Família e pelos bens imateriais de incalculável valor que me legaram.

À Equipe do Museu do Corpo de Fuzileiros Navais: pela acolhida que me proporcionou no dia 10/03/2020, em especial, ao SO-FN-IF Eduardo da Silva Damasceno, pelo registro fotográfico de minha visita.

Ao CMG-FN Dirlei Donizette Côdo e ao CMG-FN Luciano Dias Dutra: antigos comandantes do Batalhão Humaitá e do Batalhão Riachuelo, respectivamente, pela recepção que me ofereceram nos dias 11 e 12/03/2020 quando visitei essas OM em busca de inspiração para os conteúdos deste livro.

Ao 3º SG-FN-IF Juliano e ao 3º SG-FN-IF Albuquerque, das Equipes de Comunicação Social dos Batalhões Humaitá e Riachuelo: por terem feito o registro fotográfico de minha visita.

Ao inesquecível irmão e amigo, Pedro de Moura: por ter sabido me enlaçar com seus braços de pastor quando eu estava de volta ao aprisco do Senhor.

Ao missionário Edilson Freitas, Diretor Nacional de Ministérios Pão Diário, pelo encorajamento que reforçou meu ânimo em publicar este livro.

Aos meus irmãos, Gessé (*in memoriam*), Elisete, José e Dorcas: pela amizade e apoio que me deram durante minha adolescência.

À minha esposa Ivone: pela paciência que tem tido para comigo e seu companheirismo durante 50 anos de vida conjugal.

Aos meus filhos, noras, netos, irmãos de fé e rol de amigos: por tudo que representam em minha vida, cujo significado tornou-se mais enriquecido e cujo cotidiano tornou-se mais leve, mais suportável e mais agradável por causa da influência positiva de cada um de vocês.

SUMÁRIO

PREFÁCIO 11

INTRODUÇÃO 13

CAPÍTULO I – Minhas raízes 17

CAPÍTULO II – Rumo ao quartel................................. 29

CAPÍTULO III – No batalhão Riachuelo....................... 37

CAPÍTULO IV – Desvio de rota................................... 41

CAPÍTULO V – Retorno quase impossível 47

CAPÍTULO VI – Operação resgate............................... 53

CAPÍTULO VII – Eureca! 61

CAPÍTULO VIII – Senhor, envia-me a mim! 71

CAPÍTULO IX – Rumo ao seminário............................ 81

CAPÍTULO X – Graças alcançadas 95

CONCLUSÃO 101

PREFÁCIO

Conheci o autor em meados de 2020, ao ser indicado como um dos três representantes da Igreja Presbiteriana do Brasil (IPB) junto à Aliança Evangélica Pró Capelania Militar e de Segurança Pública do Brasil (ACMEB). O Rev. Aluísio Laurindo era o bispo presidente dessa organização supraeclesiástica, criada por denominações evangélicas para representá-las na área de *Capelania Militar*. Nosso primeiro contato, na sede da ACMEB em Brasília-DF, marcou o início de uma sólida relação de amizade e respeito mútuo, em muito devido às origens da formação comum no Corpo de Fuzileiros Navais da Marinha do Brasil, ele nos anos 1960 e eu na década seguinte.

Meu primeiro contato com a história que originou *O Resgate de um Fuzileiro* deu-se na forma de um emocionado testemunho pessoal do autor, em uma das muitas e longas conversas que tivemos no decorrer do segundo semestre daquele ano. Ele, então, confidenciou-me que "talvez um dia publicasse o relato", com o propósito primordial de fornecer orientação cristã a jovens, militares ou não, em meio às suas naturais e não incomuns crises existenciais da pós-adolescência. Graças ao bom Deus, o projeto está hoje concretizado nessa obra concisa e objetiva, cuja leitura proporciona uma experiência de intimidade e identidade com as situações vivenciadas.

A experiência do autor, ao sair de uma cidade serrana do Espírito Santo e mergulhar no "mar revolto e tempestuoso" de uma grande metrópole, como o Rio de Janeiro, encontra eco em todo o Brasil. Muitos jovens, de ambos os sexos, são expostos dessa forma a cada ano na busca de realização profissional. Não poucos se desviam dos seus caminhos e perdem o sentido da vida em torno dos vinte anos de idade.

Independentemente da orientação religiosa, uma batalha espiritual é travada pelas almas desses jovens, podendo conduzir a um abismo existencial. A experiência pessoal do Rev. Laurindo é antídoto a esse "mal do século" denominado *depressão*.

REV. AUGUSTO HONORIO — CAPITÃO DE MAR E GUERRA, FUZILEIRO NAVAL DA RESERVA DA MARINHA DO BRASIL E MINISTRO PRESBITERIANO ORDENADO EM FEV./2021.

INTRODUÇÃO

> ... que é o homem, que dele te lembres?
> E o filho do homem, que o visites? —Salmo 8:4

"Aluísio, por que você não escreve e publica essa história?" Perguntaram-me algumas pessoas que ouviram meu testemunho, o qual relato neste livro. Questionei-me bastante sobre se deveria atender tal apelo. Afinal, que contribuição relevante essa história poderia ter num mercado literário tão farto como o atual? Porém, constatei que há relativamente poucas publicações contendo mensagens bíblicas e compartilhamento de experiências religiosas, direcionadas ao público militar e policial. Por fim, animei-me e decidi contribuir para a redução de tal lacuna, por mais modesta que seja essa contribuição.

A escolha do título *O Resgate de um Fuzileiro* visou chamar a atenção do público leitor para um tipo de evento que é real, mas que transcende as dimensões biológicas, psicossociais, emocionais e materiais da vida humana. Trata-se de uma operação na qual os recursos empregados precisam alcançar as dimensões espiritual e existencial do ser humano, diante da vida presente e futura. O título foi escolhido, também, para facilitar a comunicação com o público militar e policial, sem jamais menosprezar ou preterir leitores que não pertençam a essas categorias profissionais.

O conteúdo desta obra foi selecionado e organizado cuidadosamente, de modo a respeitar, tanto quanto possível, a sequência cronológica dos fatos narrados, os nexos existentes entre eles, a curva ascendente de sua apresentação e as convicções religiosas dos personagens referidos e do público leitor.

O presente livro é uma autobiografia, como se pode ver. O autor se esforçou para entrar no túnel do tempo e viajar até a época em que os fatos narrados aconteceram. A história aqui contada abrange principalmente o período que vai de 1964 a 1971, acrescidas algumas informações relativas a datas posteriores, sobretudo para reforçar a importância do testemunho apresentado pelo autor quanto à superação que alcançou em relação às crises existenciais por que passou. Ao narrar os fatos, ele se coloca na condição de sujeito de sua própria história e, ao mesmo tempo, de observador-narrador, o que lhe permitiu evidenciar suas características pessoais e sua visão de mundo, sem prejudicar demasiadamente o olhar objetivo do escritor.

Os propósitos deste livro se desdobram em:

1. Prevenir a ida de militares e policiais para o "fundo de poço" espiritual, moral e social da vida;

2. Resgatar para os caminhos de Deus aqueles que se encontrarem nas encruzilhadas perigosas ou em alguma situação ameaçadora da existência humana, independentemente dos motivos;

3. Encorajar os companheiros que estão firmes em suas convicções de fé e na caminhada cristã, de modo a evitarem os desvios de rota, suas imprevisíveis e desastrosas consequências e

4. Despertar nos militares, policiais e demais leitores, o interesse em servir como canal ou instrumento que Deus possa usar na promoção da qualidade de vida, ou seja, do bem-estar do próximo e das instituições onde se encontrarem a serviço da sociedade e da pátria.

Sentir-me-ei eternamente recompensado se qualquer dos objetivos acima for alcançado. Estou ciente de que o lema dos Fuzileiros Navais, *ADSUMUS*, que muitas vezes enunciei e bradei, pode também incluir o sentido de que enquanto estamos no *aqui e agora* desta existência, Deus, o Supremo Comandante, pode nos usar na promoção da qualidade de vida e do bem-estar espiritual dos integrantes das Forças Armadas, das Polícias Militares, dos Corpos de Bombeiros Militares e dos demais órgãos do Sistema Único de Segurança Pública, bem como dos membros de suas famílias e da sociedade em geral. Aliás, acredito que Ele pode e quer nos usar, independentemente do local onde estivermos servindo e do *status* institucional de cada um de nós, nos mais diversos postos, graduações, cargos, funções e situações nas quais nos encontrarmos.

Convido o prezado leitor a entrar comigo no túnel do tempo e conhecer o que me levou a vivenciar uma das mais estressantes e arriscadas experiências da vida e a conhecer como a graça de Deus se manifestou em meu favor, no auge da minha juventude.

Rogo ao Senhor da Vida que *O Resgate de um Fuzileiro* abençoe o coração de cada leitor.

Goiânia, GO, Páscoa de 2021.

Aluísio Laurindo da Silva
nº fixo 651233.6, ex-integrante do 5º Pelotão da Cia de Alunos
do CFSDFN, em 1965, no Batalhão Humaitá, Núcleo da 1ª Divisão do Corpo
de Fuzileiros Navais, Ilha do Governador, Rio de Janeiro, RJ.

CAPÍTULO I

MINHAS RAÍZES

Ora, disse o Senhor a Abrão: Sai da tua terra, da tua parentela e da casa de teu Pai e vai para a terra que te mostrarei; de ti farei uma grande nação, e te abençoarei, e te engrandecerei o nome. Sê tu uma bênção! —Gênesis 12:1-2

Nasci em Alegre, pequena cidade localizada na região montanhosa ao sul do Estado do Espírito Santo, a 203 km da capital, criada no dia 22 de dezembro de 1919. Tornou-se conhecida pelo nome de Cidade Jardim por causa das lindas árvores e plantas ornamentais que a embelezam. Situa-se a 277 m de altitude em relação ao nível do mar e se encontra entre as cidades de Cachoeiro do Itapemirim e Guaçuí. A temperatura local eleva-se no verão, geralmente marcado por muita chuva, ao passo que no inverno predominam as características de clima seco. Na década de 1960 as principais economias do município incluíam a agricultura, a pecuária e o comércio. A população contava com a presença de descendentes de italianos, espanhóis e sírio-libaneses, o que tornava o tecido social bastante diversificado. A cidade era relativamente bem servida de escolas públicas e particulares e possuía uma razoável rede de apoio à saúde. As opções profissionais para a juventude eram muito limitadas, principal motivo por que muitos jovens se transferiam para o Rio de Janeiro e outras cidades, à procura de um futuro mais promissor. A maioria dos alegrenses daquela época era da religião católica, mas a presença de protestantes —também chamados de evangélicos — era bastante expressiva. Pertenciam às igrejas Batista, Metodista, Assembleia de Deus, Presbiteriana e outras.

Tive por pai José Laurindo da Silva, mais conhecido como José Alício, em referência ao seu pai, Alício Laurindo da Silva. Ele nasceu no dia 1º de junho de 1907, em Carangola, Minas Gerais. Transferiu-se para Alegre, quando jovem. José Alício era calvo, moreno, tom bem escuro. Tinha cerca de 1,75 m de altura. Era magro, porém muito forte. Tinha voz forte e grave, cuja extensão vocal se encaixava na classe dos baixos. Era muito comunicativo e construía relacionamentos sociais com incrível facilidade e rapidez, com pessoas das mais diversas camadas sociais, por onde quer que passava. A palavra desânimo não fazia parte do seu vocabulário! Homem sempre disposto ao trabalho, possuidor de elevado senso cívico, José conseguia reservar tempo para dedicar atenção à causa da família, da igreja e do bem estar do próximo.

José Alício era um profissional polivalente. Sua ocupação principal, por muitos anos, foi a de serrador, que alternava ora com atividades da agricultura, especialmente o cultivo de café, milho, feijão e arroz, ora com a extração de madeira, ora com trabalhos na construção civil, atuando como pedreiro e carpinteiro. Ele também foi um habilidoso e apaixonado carreiro. Chamava os bois pelo nome, um por um, fazendo com que, unidos em duplas por meio de cangas, arrastassem pesadas toras de madeira, retirando-as de dentro das matas e arrastando-as até o local destinado ao embarque nas carretas ou nos caminhões. Ele sabia em que situação e condições deveria utilizar o chamado carretão, puxado pelas juntas de adestrados bois, a fim de facilitar o transporte daquelas toras extraídas das florestas

Juntas de bois da família Xavier, arrastando tora, sob a direção de José Alício, em 30/09/1966

remanescentes, existentes geralmente em localidades montanhosas, atividade profissional permitida àquela época.

Além de suas qualidades profissionais, José Alício possuía um vasto conhecimento da fauna e da flora regionais, abrangendo árvores, parasitas e plantas medicinais. Ademais, ele desfrutava de elevado conceito no âmbito familiar e social, em geral, graças à sua ilibada conduta, pautada em valores como honestidade, verdade, respeito ao próximo, dedicação ao trabalho, sobriedade, responsabilidade e outros. Após longa e abençoada jornada neste mundo, José Alício faleceu no dia 2 de novembro de 1993, na cidade de Aracruz, Espírito Santo, aos 86 anos.

Tive por mãe Emiliana Rodrigues da Silva, nascida em 2 de fevereiro de 1922, na cidade de Alegre, ES, descendente de espanhóis, procedentes de Granada, região de Andaluzia, Espanha. Sua mãe e seus avós chegaram ao Brasil em outubro de 1891, como passageiros do navio Bearn. A árvore genealógica deles remonta aos Fernandez e Alfaro.

Emiliana era de cor branca, tinha aproximadamente 1,70 m de altura. Pessoa amável, paciente e muito comunicativa, possuía expressiva rede de amigas, formada principalmente pelas senhoras residentes às proximidades de sua casa e por aquelas que faziam parte de sua comunidade religiosa. Dedicava-se aos trabalhos domésticos e possuía algumas habilidades com bordados e costura. Emiliana soube ser mãe amorosa, cuidadosa, responsável, piedosa, abnegada, tolerante e altruísta.

No dia 29 de dezembro de 2005, tendo chegado aos seus 83 anos de idade, aprouve a Deus levar Emiliana para o Paraíso Celeste. Viveu seus últimos dias no Lar Batista do Ancião, uma instituição social da Convenção Batista Carioca sediada no bairro de Campo Grande, cidade do Rio de Janeiro.

José e Emiliana casaram-se em 17 de dezembro de 1943. Eram muito simples, informais e super econômicos. A renda familiar, oriunda de serviços prestados a terceiros, era muito escassa e mal dava para o custeio das despesas básicas da família. Empenhavam-se exaustivamente para honrar seus compromissos. Mas eles sabiam viver contentes com os parcos recursos que possuíam. O pouco que sabiam ler e escrever haviam aprendido com a ajuda de suas comunidades religiosas. No tocante à religião, José pertencia à Igreja Metodista do Brasil e, Emiliana, à Igreja Batista, filiada à Convenção Batista Brasileira, ambas muito antigas em Alegre. Deus abençoou o casal Emiliana e José com 5 filhos: Gessé, Aluísio, Elizete, José e Dorcas.

Todos os filhos foram criados num ambiente marcado por uma disciplina rígida, mas equilibrada por uma prática religiosa bastante acolhedora, na qual as peculiaridades das igrejas representadas pelos pais eram objeto de respeito, curiosidade e admiração. O envolvimento dos filhos foi maior com a Igreja Batista, certamente por influência dos avós, tios e primos pertencentes aos familiares de Emiliana, todos frequentadores ativos e muito atuantes nessa igreja. Tal opção possuía também outro motivo: meu pai exercia atividades profissionais que não lhe permitiam acompanhar mais de perto a educação religiosa dos filhos.

Foto de casamento de José e Emiliana: 13/12/1943

No entendimento de José e Emiliana, a participação dos filhos nas atividades da igreja e da escola eram deveres considerados sagrados. Diziam eles aos filhos que tinham que se dedicar aos estudos para que, no futuro, pudessem conquistar uma condição de vida melhor do que aquela que eles conseguiram. Na rotina diária, depois que cuidavam dos deveres religiosos

José, Emiliana e seus 5 filhos

e escolares, as crianças eram liberadas para participar de brincadeiras, passeios, lazer, prática esportiva, tarefas domésticas, etc.

Vim ao mundo no dia 25 de agosto de 1947. Certo dia, lá pelos meus 6 ou 7 anos, alguém me disse que eu havia nascido no dia de um personagem muito famoso: Luiz Alves de Lima e Silva, o Duque de Caxias. Tratava-se de um brasileiro, natural da Vila Estrela, atual Município de Duque de Caxias, Rio de Janeiro. Interessei-me em obter informações sobre ele. Soube que tinha sido militar do Exército Brasileiro que alcançou o posto de marechal, recebeu o título de Pacificador e tornou-se o Patrono de sua Força. Identifiquei-me com ele e decidi que, tomando-o como exemplo, abraçaria e seguiria a vida militar também. Por isso, uma das músicas preferidas que aprendi na chamada Escola Bíblica de Férias realizada pela Igreja Batista de Alegre, e que eu cantava com total vibração desde a pequena infância, chamava-se *Soldado de Cristo*. Era a celebração do embrião de uma vocação que começava a brotar e que amaduraceria ao longo da minha adolescência e juventude. A mensagem de Soldado de Cristo encontrou eco no coração e na cabeça do pequeno Aluísio:

Soldado de Cristo
Mesmo que eu não marche na infantaria
Nem na cavalaria
Nem na artilharia vá
Nem aviador seja eu aqui

Soldado de Cristo eu sou
Mesmo que eu não marche na infantaria
Nem na cavalaria
Nem na artilharia vá
Nem aviador seja eu aqui
Soldado de Cristo eu sou
Soldado de Jesus, Soldado de Jesus
Nem aviador seja eu aqui
Soldado de Cristo eu sou!

O RESGATE de um **FUZILEIRO**

Na família Laurindo, desde cedo a meninada já começava a se envolver com algum tipo de trabalho, como forma de iniciação profissional, mirando a futura independência econômico-financeira. Eu, por exemplo, "estagiei" como aprendiz em três locais: na oficina auto-elétrica do Sr. Mário Píccolo, à Rua Sete de Setembro, na relojoaria do Sr. João Tulli, à Rua Dr. Vanderley e, por fim, na alfaiataria do Sr. Nico Ribeiro, à Rua 15 de Novembro, atual Décio Santos, onde permaneci mais tempo. Naquela época as oficinas funcionavam como uma espécie de "escola profissionalizante informal".

Fiz o Curso Primário no Grupo Escolar Professor Lellis. Após quatro anos de estudos, concluí o curso no final de 1958, já com 11 anos de idade. A cerimônia de formatura foi uma verdadeira festa de gala, realizada no auditório do Sport Club Rio Branco, no dia 18 de dezembro daquele inesquecível ano. Todos os formandos trajavam roupa branca e receberam seus diplomas das mãos de padrinhos e madrinhas que incentivaram seus afilhados a prosseguir na carreira estudantil. Nunca me destaquei como aluno que tirava as melhoras notas da classe, mas também não admitia ficar numa classificação baixa!

Durante os quatro anos de estudos, minha mãe mantinha meu uniforme sempre limpo e bem passado. Geralmente eu possuía um único exemplar do uniforme escolar. Ela lavava meu uniforme, sempre que necessário, assim que eu chegava da aula, logo após o meio dia. Levantava muito cedo para conseguir passá-lo com um antigo ferro de brasas, também conhecido como machambombo. Na maior parte do tempo eu ia para a escola descalço, pois as condições econômicas de meus pais não permitiam que possuíssemos um par de tênis, de chinelo ou outro tipo de calçado, para uso diário. Houve ocasiões em que tive que usar uma tal de alpargatas roda, um tipo de calçado de pano com solado feito de corda que, após certo tempo de uso, se desfiava e causava muito constrangimento. Nossa casa se situava numa parte da cidade cujas ruas não eram asfaltadas e nem possuíam calçamento de paralelepípedos. Ficava lá para o final da antiga Rua 13, numa localidade denominada Canto, nas proximidades do sítio do conhecido Sr. Pedro

Martins, próximo à saída para Celina. Por isso, quando chovia, andar de alpargatas roda era um sofrimento sem igual. O barro da rua se apegava à sola do calçado e tínhamos que transportar grande quantidade dele, grudado nela, tornando o calçado feio, incômodo e pesado. Durante o curso primário eu carregava o material escolar num embornal feito por minha mãe. Tratava-se de uma sacola de pano, com duas alças.

Após o curso primário, preparei-me para ingressar no curso ginasial, oferecido pela Escola Estadual Aristeu de Aguiar. Tive alguns contratempos e só consegui concluir a terceira série em 1964. As condições da família eram melhores e eu já ganhava alguns trocados na oficina de alfaiataria e na realização de alguns biscates. Assim, capacitava-me melhor para ir à escola e participar de suas atividades.

A rotina familiar incluía a participação nas atividades das igrejas Metodista e Batista, com maior envolvimento na Batista, onde todos os cinco filhos fizeram sua profissão de fé e foram batizados. Tomei a decisão de aceitar o Senhor Jesus Cristo como meu Salvador pessoal aos doze anos, em 1959, numa das noites de uma série de pregações feitas pelo Pastor e Missionário Valdomiro Mota, da Junta de Missões Mundiais da Convenção Batista Brasileira. Meu batismo foi celebrado pelo Pastor Francisco Colares, titular da Igreja Batista de Alegre, no final daquele ano de 1959.

A programação das igrejas incluía celebração de cultos no templo, nas residências urbanas e naquelas situadas nos sítios circunvizinhos, estudos temáticos, reuniões de oração, além de outras atividades programadas para crianças, adolescentes e jovens, tais como contação de histórias bíblicas, brincadeiras, piqueniques, competições, memorização de passagens bíblicas, recitação de textos, intercâmbios, tudo planejado de acordo com a faixa etária da garotada.

Muito cedo descobri que gostava de música. Conheci a Banda de Música da cidade, a famosa "Lyra Carlos Gomes", regida pelo Maestro Izalino Pacheco e presidida pelo Sr. Emílio Abreu. Ela pertencia ao Círculo de Operário de Alegre. Frequentei as aulas básicas de teoria e solfejo e logo fui autorizado a escolher meu futuro instrumento.

Experimentei o Barítono e o Saxhorn, sem êxito. Fiz uma terceira tentativa num Contrabaixo (Tuba) Mi Bemol, tamanho adequado para adolescente. Gostei. Recebi as orientações básicas quanto à mecânica, embocadura, manuseio e cuidado com o instrumento. Treinava semanalmente na sede da banda, à Rua Monsenhor Pavesi, 116, Centro. Fui aprendendo e desenvolvendo a técnica daquele instrumento até conseguir emitir sons limpos, bem definidos e agradáveis aos ouvidos de quem aprecia a boa música. Identifiquei-me com a Tuba. Não demorou muito e o Maestro Izalino me autorizou a participar dos ensaios da Banda Mirim, chamada carinhosamente de Bandinha. Era o que eu mais queria. Vibrei muito no dia que tocamos o dobrado "Dois Corações", de Pedro Salgado, e eu lá, garantindo a parte do Contrabaixo Mi Bemol. Passadas algumas semanas fui autorizado a integrar a Banda de Música composta por adultos, jovens e adolescentes, a tradicional Lyra Carlos Gomes.

Recebi a Carteira de Músico, expedida pelo Círculo de Operário de Alegre, datada de 4 de novembro de 1962, matrícula número 1769. Tal promoção aumentou minha responsabilidade, porque precisei compreender e executar com mais segurança certas funções fundamentais do meu instrumento: combinar a execução rítmica com o suporte harmônico, realizar contra melodia e, às vezes, executar o tema da obra musical. O reconhecimento desse esforço me fazia sentir de diversas formas, inclusive na hora de receber algum cachê destinado aos músicos, quando nosso Corpo Musical atendia convites com ônus.

Bandinha

Banda de Música Lyra Carlos Gomes, do Círculo de Operários de Alegre

Que experiência fantástica! Vestir o uniforme da Lyra Carlos

Gomes, participar das retretas dominicais que aconteciam no coreto da Praça Seis de Janeiro, logo após a missa celebrada na Igreja Matriz de Nossa Senhora da Penha. Posicionados no coreto, vislumbrávamos a grande quantidade de fiéis que desciam ordeiramente desde o local onde ficava a Igreja e percebia que a maioria deles lotava a Praça Seis de Janeiro a fim de curtirem um tempo de entretenimento promovido pela Lyra Carlos Gomes. Tocar nas festividades realizadas em Alegre e localidades vizinhas, conquistar a atenção de jovens e adolescentes, receber aplausos do público nas praças, nas fazendas, nos comícios políticos e, às vezes, ganhar alguns trocados, era tudo muito interessante e motivador. Muitas vezes, nos intervalos das apresentações, eu recebia elogios de fãs anônimos. Afinal, era um adolescente que tocava um instrumento tão  grande, agora o Contrabaixo de adulto, que herdei do famoso contrabaixista Santos por ter transferido sua residência para Cachoeiro do Itapemirim, por motivos profissionais.

Fui me aperfeiçoando como contrabaixista. Um dos recursos de que dispunha era ouvir aos sábados à noite, na casa de um vizinho, a Rádio Nacional que, após o Repórter Esso, apresentava um programa chamado "Lyra de Xopotó", sob a direção do apresentador Paulo Roberto.

Tornei-me ouvinte cativo daquele programa. Bandas de Música famosas de diversas partes do Brasil se apresentavam, cada uma melhor do que a outra! Eu aguçava meus ouvidos e procurava captar o conjunto das apresentações, mas o que mais queria era identificar a atuação do Contrabaixo ou da Tuba. Ouvia atentamente a peça musical, registrava na memória o que conseguia e observava cuidadosamente o trabalho feito pelos contrabaixistas. Analisava o ataque, os fortes (acentuação), as respostas ao final das seções, a variação do volume, a qualidade do som emitido... tudo isso fazia parte do meu autodidatismo musical. Na primeira oportunidade pegava meu Contrabaixo e procurava emitir os sons, aplicando o resultado daquelas verdadeiras aulas recebidas a distância, via Rádio Nacional. Foi assim que consegui aprimorar minha técnica musical e galgar a classificação mais elevada dentre as categorias de músicos da Lyra Carlos Gomes: fui classificado como músico de primeira categoria, com meus 15 anos de idade, numa Corporação Musical em que idosos, jovens, adolescentes e crianças formavam uma harmoniosa família.

No meu tempo de ginásio, como aluno do Colégio Estadual Aristeu de Aguiar, integrei a Banda Marcial daquela escola. Tocávamos *pra valer*, principalmente em duas ocasiões: na semana comemorativa do aniversário de Alegre, cujo dia principal é 15 de agosto, e no desfile de 7 de Setembro. Meu instrumento possuía um formato similar ao que tocava na Lyra Carlos Gomes, mas sem pistões.

Participei intensamente da Lyra Carlos Gomes e da Banda Marcial até que fui para o Corpo de Fuzileiros Navais no final de 1964. Cheguei a nutrir o sonho de ingressar numa banda militar, já que desenvolvi um gosto muito grande pela música e percebi que tinha chance de me tornar um profissional nessa área.

Chegou a hora do alistamento militar. Na cidade de Alegre existia o Tiro de Guerra – TG 106. Soube que quem se alistava na Junta de Alistamento Militar sediada em nossa cidade não poderia seguir a carreira militar. Aguardei uma oportunidade para me alistar onde não existisse essa limitação. Consegui. No mês de julho de 1964, com a ajuda de um casal de alegrenses, membros da Igreja Batista que haviam se transferido para o Rio de Janeiro, viajei com eles a essa cidade e lá consegui me alistar numa Unidade do Exército Brasileiro. Agora era só esperar a época da apresentação, torcer para ser selecionado, ingressar na vida militar e seguir os passos de Caxias.

A viagem ao Rio de Janeiro me permitiu conhecer os Fuzileiros Navais, cuja farda me encantou. Ao retornar à minha cidade natal, quem encontrei na semana comemorativa do aniversário de Alegre, no dia 15 de agosto de 1964? Um grupo de fuzileiros. Eram músicos, atletas e representantes de outras especialidades. Fiz logo amizade com três deles, conhecidos pelos nomes de Artista, Darroca e Cipó, todos possuíam a graduação de Cabo. O Artista, cujo nome próprio era Firmo Almeida, encarregou-se de me manter informado sobre o concurso para ingresso no Corpo de Fuzileiros Navais (CFN). Animaram-me bastante quando souberam que eu era músico. Disseram que eu teria grande possibilidade de ingressar na Banda de Música do CFN! Ufa! Era muito significativo para mim, um adolescente de família reconhecidamente pobre, mas que lutava para superar as dificuldades e lograr um futuro melhor. Minha autoestima se elevou bastante. Aceitei o desafio. Dali a poucos dias eu completaria 17 anos e, quem sabe, já poderia envergar aquela farda também. Porém, teria que ficar alguns meses na sala de espera da vida, no exercício da paciência e na preparação para o desenrolar dos acontecimentos, tempo necessário também para treinar e fortalecer as asas, pois, assim como acontece aos pássaros, o meu dia de deixar o ninho estava chegando!

CAPÍTULO II

RUMO AO QUARTEL

O coração do homem pode fazer planos, mas a resposta certa dos lábios vem do Senhor. —Provérbios 16:1

Finalmente, fui informado que estavam abertas as inscrições para o concurso de admissão ao Quadro de Pessoal Subalterno do CFN, como Soldado Fuzileiro Naval. Reuni meu certificado de alistamento militar com outros documentos exigidos e me inscrevi sob o número 1755-64. No dia 14 de dezembro de 1964, fiz os Exames de Conhecimentos e o Psicotécnico. O Exame de Saúde foi feito no dia 22 do mesmo mês. Concorri com candidatos de diversas partes do Brasil. O livro texto se chamava *Meu Tesouro*, de Helena Lopes Abranches e Esther Pires Salgado, 4ª série primária, Editora Companhia Brasileira de Artes Gráficas. Estudei muito. Encarei as provas. Passei. Vibrei como nunca. Seria um fuzileiro naval, integrante do respeitável CFN da Marinha do Brasil. A dinâmica e os caminhos da vida não me permitiram ingressar na mesma Força de Caxias, personagem cuja admiração permaneceu intocável no meu coração.

Todavia, diante das portas que estavam se abrindo para mim, entendi que precisava entrar por elas, ainda que renunciando minha aspiração inicial que era ingressar no Exército Brasileiro. Alcei os olhos, acreditei na realização dos meus sonhos e fui em frente.

O ano de 1964 estava terminando. A admissão dos aprovados aconteceria nos primeiros meses de 1965. Não tive paciência suficiente para aguardar a convocação em casa, no aconchego da família e de minha querida cidade. Antecipei minha ida ao quartel. A Marinha permitia que candidatos aprovados ficassem aquartelados, à espera da admissão e início do Curso de Formação de Soldado Fuzileiro Naval (CFSDFN). Aproveitei a chance. Queria entrar para o quartel o mais cedo possível. Comuniquei minha decisão à família. Dentro de poucos dias teria que partir... A despedida dos pais e de meus irmãos foi carregada de muita emoção, pois, afinal, todos tomávamos consciência de que um membro da família iria empreender uma viagem, sem alimentar qualquer perspectiva do seu retorno ao convívio do lar materno!

Não demorou muito e, ao entardecer de certo dia, lá estava eu numa parada de ônibus localizada à Rua 13 de Maio, bem perto do Comercial Atlético Clube, à espera da hora do embarque, com destino novamente ao Rio de Janeiro. Meu pai, José Laurindo, foi comigo até o local. Permaneceu calado o tempo todo até o momento de se despedir de mim. Até que enfim, o ônibus da Viação Natividade chegou. Na hora do embarque meu pai resolveu falar comigo e me transmitir sua mensagem de despedida. Disse-me, com sua voz um pouco embargada, num volume baixo, em tom meio interrogativo e meio exclamativo: "Então, meu filho, você está indo porque não tive condições de cuidar de você aqui?!" Despedimo-nos!

Embarquei. Sentei-me. Evitei olhar para fora daquele transporte coletivo. A voz do velho pai me acompanhava enquanto o carro subia pela rodovia sinuosa projetada entre as montanhas daquela região situada ao sul do Espírito Santo. Deu um doído nó na minha garganta. Não tinha com quem desabafar a não ser comigo mesmo. O coração pulsava forte. Abafei o choro, mas não consegui evitar as lágrimas.

Podia desistir. Retornar. Construir minha vida por ali mesmo, junto dos familiares, dos amigos, da Lyra Carlos Gomes! Enquanto isso, o ronco grave, forte e contínuo do motor do ônibus anunciava que estávamos subindo os desafiadores e longos aclives daquela estrada que rumava ao Rio de Janeiro. Fui me recompondo aos poucos ao longo daquela inesquecível noite. Ao amanhecer do novo dia, eu já me encontrava numa pequena estação rodoviária existente na Praça Mauá, na encantada Cidade Maravilhosa, por sinal, aquela estação ficava bem próxima da Ilha das Cobras, onde se localizava o Quartel Central do CFN, meu primeiro destino.

Quartel Central do CFN

Apresentei-me no Quartel Central do CFN, na condição de voluntário, para aguardar ali o dia de seguir para a Organização Militar onde faria meu curso. Fui aceito, assim como outros jovens. Não sabia eu o que esperava por mim: faxina, formatura, impacto dos primeiros contatos com vida na caserna, alimentação e alojamento garantidos... excelente teste preparatório para quem tanto queria servir a Pátria. Trabalho não era problema. Estava acostumado com a dureza da vida desde cedo. Difícil mesmo foi administrar sozinho, com dezessete anos, o pacote de novidades que tinha diante de mim e uns problemas de saúde que enfrentei logo de início, talvez por causa da mudança climática. Ainda bem que

Visita ao Museu do CFN Fui recepcionado pelo Sgt FN Damasceno, em 10/03/2020

Pátio do Quartel Central do CFN

Batalhão Humaitá – vista principal

Batalhão Humaitá – Alojamento das Cias

Batalhão Humaitá – Praia do Quartel

Batalhão Humaitá – Pátio do Quartel (11/03/2020)

o Suboficial Enfermeiro Werneck cuidou de mim na enfermaria do Quartel Central. Foram desafiadoras aquelas semanas. Mas a força de vontade para conquistar meu ideal era inexplicável. Por fim, tirei de letra!

Chegou o dia de embarcar e seguir em direção ao 2º Batalhão de Infantaria do Núcleo da 1ª Divisão de Fuzileiros Navais, Batalhão Humaitá, no Bananal, Ilha do Governador, Rio de Janeiro, Unidade onde faria o CFSDFN. Integrei a turma admitida no dia 27 de março de 1965. O Batalhão Humaitá era uma unidade nova, criada em 1963. Tinha por comandante o Capitão de Mar e Guerra FN Hélio Migueles Leão. A Companhia de Alunos era comandada pelo entusiasta Capitão Tenente FN Lyrio Bravin. Os recrutas integravam 6 pelotões. Eu pertenci ao 5º Pelotão. Recebi o número fixo 651233.6.

O CFSDFN começou em março de 1965. O conteúdo do curso incluía parte teórica e prática, com ênfase na formação de infantes navais. A parte prática constou de ordem unida, educação física, exercícios diversos, marchas a pé, prática de tiro, manobra às margens do Rio Guandu, participação na escala de serviços e assim por diante. Confesso que precisei reunir muito esforço para conseguir acompanhar as atividades destinadas à preparação física. Além desses conteúdos, foram ministradas instruções e orientações sobre o Regulamento Militar da Marinha (RDM), sobre como deveríamos nos relacionar com o próximo, com os mais velhos, com as autoridades constituídas, além de diversos tópicos na área da Educação Moral e Cívica. Ênfase especial mereceu o modo disciplinado como deveríamos nos comportar perante a sociedade, de modo que pudéssemos honrar nossa farda e nossa Força.

Durante o CFSDFN tive oportunidade de conhecer jovens oriundos de diversas partes do Brasil. Nossa turma constituía um bom exemplo da diversidade característica do povo brasileiro. Foi uma rica experiência, marcada por respeitosa convivência, num ambiente de muita camaradagem. Desenvolvemos o espírito cooperativo, a solidariedade, o senso de responsabilidade, a proatividade, a consciência do dever, o respeito ao próximo, a valorização da família, outros valores e virtudes cívico-militares. Recebemos muito incentivo quanto à atenção à cultura física, intelectual,

Aluísio fardado (02/07/1965)

Batalhão Humaitá – Reunião no Gabinete do Comandante Direlei (11/03/2020)

Entrega do Manual do Capelão ao Comandante Dirlei (11/03/2020)

Batalhão Humaitá – Em frente ao Brasão do Batalhão (11/03/2020)

espiritual e profissional.

Por incrível que pareça, consegui me destacar dentre os recrutas do 5º Pelotão, cujos motivos até hoje não soube explicar. Constatei isso no dia em que o 2º Sargento Pedro de Jesus Ferreira, Comandante do Pelotão, me designou Xerife! Assim, comecei bem cedo a aprender a liderar, função que procurei desempenhar com esmero, que me rendeu alguns elogios e me custou alguns apelidos. Coisa normal da caserna!

O curso foi concluído no dia 1º de julho de 1965. A cerimônia de formatura foi muito concorrida, com a participação de parentes e amigos dos recrutas, além de oficiais de alta patente que se fizeram presentes. O Sr. José Laurindo viajou de Alegre ao Rio de Janeiro para comparecer àquela solenidade. Senti-me muito feliz com sua presença. Percebi que ele apreciou bastante aquela pomposa cerimônia e que se orgulhava de agora ter um filho nas fileiras do CFN. Foi um acontecimento muito emocionante, cheio de entusiasmo. O ponto auge da programação aconteceu quando prestei o Juramento à Bandeira. Serviu para selar meu compromisso de servir a Pátria e de, se necessário, oferecer-lhe minha própria vida. Foi naquele momento, com os olhos fixos no Pavilhão Nacional, que senti o peso da responsabilidade que acabava de assumir, responsabilidade muito bem retratada na Canção dos Fuzileiros Navais que já havia aprendido a cantar com muita vibração:

CANÇÃO NA VANGUARDA (Composição: João de Camargo)
Sentinela e falange aguerrida,
Na vanguarda empunhando o fuzil;
Pela pátria é que damos a vida,
Fuzileiros Navais do Brasil (2x)

Fuzileiros de mar e de terra,
Defensores da grande nação;
Vigilantes na paz e na guerra

Na vanguarda com armas na mão! (2x)
Na peleja ao fragor da metralha,
Na vanguarda que é honra e dever;
Fuzileiros no ardor da batalha,
Saberemos lutar e vencer

Na peleja ao fragor da metralha,
Na vanguarda que é honra e dever;
Saberemos, no fim da batalha,
Fuzileiros, Vencer ou morrer!

Aconteceu que, com o passar dos dias, antes, durante e depois do curso, aumentava em mim a sensação de que a família, a igreja, a Cidade Jardim, a Lyra Carlos Gomes, os professores e colegas da escola, os amigos de infância e da adolescência ficavam cada vez mais distantes, no espaço e no tempo. Além disso, tinha que aprender a lidar com uma nova realidade: a total incerteza de poder voltar ao ponto de onde parti e retomar a vida civil, a partir de onde agora me encontrava. Muitas vezes, à noite, sozinho no pátio do Batalhão Humaitá, apoiado na grama e olhando para o céu, punha-me a contemplar a lua, a mesma que muitas vezes eu via lá de Alegre, e, enquanto isso, sentia uma saudade quase insuportável, principalmente de meus pais e meus irmãos, a centenas de quilômetros distantes de mim. Parecia-me doer o coração. Experimentava um aperto na garganta e a voz ficava embargada. Reagia. Respirava fundo! Não poderia entregar os pontos! Tinha que ser forte. A escolha foi minha. Precisava aprender a olhar para frente e seguir em frente, porque assim é a vida. E assim fui me adaptando à nova realidade de vida, à vida militar, à vida de um fuzileiro.

Aproveitei ao máximo meu tempo no Humaitá. Nos momentos de lazer o banho de mar tinha espaço garantido. Fui ao Centro de Instrução do CFN muitas vezes com os colegas que desejavam assistir aos filmes no horário noturno. Era uma boa caminhada do Humaitá até

O RESGATE de um **FUZILEIRO**

lá, mas a força da juventude não se incomodava com isso. Tudo era motivo de comemoração. Foi, também, um tempo cheio de oportunidades para construir novas amizades, cujos nomes e semblantes se tornaram inesquecíveis, dentre eles: Aderbal, Albano, Cavalcanti, César Catalani, Cícero, Ivo, Jorge, Jurandir, Silva, Vitoriano e muitos outros. Havia cariocas, fluminenses, baianos, mineiros, capixabas, amazonenses, catarinenses, enfim, gente de várias partes do Brasil.

A nova fase de minha vida acontecia na encantadora Cidade Maravilhosa, capital do antigo Estado da Guanabara, com suas lindas praias, famosos cinemas, invejável topografia, variada rede comercial e tanta coisa que eu nunca tinha visto antes. Não demorei muito a decorar os números dos ônibus que usaria sempre, principalmente os da Viação Paranapuan: 328 Bananal – Castelo, 634 Bananal – Saens Peña e 910 Bananal – Madureira.

O círculo de relacionamento não se limitou aos colegas do Batalhão Humaitá. Ampliou-se bastante. Descobri e visitei parentes que residiam em diversas localidades do Rio de Janeiro, inclusive numa vila residencial que existia atrás do antigo Aeroporto do Galeão, numa localidade denominada Itacolomi. Fui além do círculo familiar e fiz amizade com muitos rapazes e moças de minha nova cidade. E assim, ia me sentindo cada vez mais adaptado à nova realidade de minha vida, a partir do que significava o meu quartel.

CAPÍTULO III

NO BATALHÃO RIACHUELO

O Senhor dos Exércitos está conosco;
o Deus de Jacó é o nosso refúgio. —Salmo 46:11

Tomei conhecimento da criação da Força Interamericana de Paz (FIP), organizada em 1965 pela Organização dos Estados Americanos, da qual o Brasil tomou parte. A FIP tinha por objetivo pacificar a República Dominicana. Resolvi me voluntariar para aquela missão, o que resultou em minha transferência para o Batalhão Riachuelo, a fim de me preparar e, se necessário, integrar a FIP e seguir para São Domingos, capital daquele país.

A transferência para o Batalhão Riachuelo aconteceu no dia 28 de setembro de 1965. Não tive dificuldade em me adaptar em meu novo quartel. Decorei rapidamente os itens que compunham a rotina do batalhão: alvorada, café da manhã, hasteamento da Bandeira Nacional, parada, educação física, instrução, almoço, intervalo, volta ao expediente, instrução, atividades diversas, licença, arriamento da Bandeira Nacional, banho, jantar para o pessoal de serviço e para quem residia em quartel, tempo livre, ceia, silêncio... Havia inspeções e prontidão de vez em quando. Fazíamos exercícios de marchas a pé, com direito a acampamento em barracas. Um dos locais aonde fomos se chamava Tubiacanga, na Ilha do Governador. No batalhão, nos horários de folga, podíamos participar de várias atividades, tais como prática esportiva, recreação, lazer, banho de mar na maravilhosa praia existente na área do quartel.

Os dias foram se passando e a FIP encerrou sua missão sem que eu tivesse ido a São Domingos, mas permaneci no Batalhão Riachuelo.

No Batalhão Riachuelo consolidei e fortaleci minha formação militar básica. Recebi instruções ministradas por diversos oficiais e praças. Tive a oportunidade de fazer dois cursos de tiro com fuzil semiautomático, conhecido como FS, havendo alcançado 228 pontos no segundo deles, sendo classificado como perito atirador. Eu e alguns colegas estávamos prontos para nos voluntariarmos para integrar a FIP e até mesmo seguirmos para a Guerra do Vietnã, se o Brasil viesse a precisar de nós. Por que me sentia disposto a participar de operação de guerra, se necessário fosse? Porque na minha maneira de pensar, no vigor da juventude, a guerra era o último e indispensável meio a ser empregado para corrigir as injustiças no mundo e, diante de causa tão nobre, jamais poderia ser omisso e covarde. Porém, fui poupado: nem São Domingos, nem Vietnã, sabe o bom Deus por que razão!

No Riachuelo, servi a maior parte do tempo na Companhia de Comando e Serviços, inicialmente na Copa dos Suboficiais e Sargentos e depois na Seção Elétrica, tendo como chefe o 1º Sargento Eletricista Charles. Formavam ainda nossa equipe o 3º Sargento Pontes, o Cabo Joel e o SPC Osmar e outro colega soldado como eu. Tive o privilégio de servir sob o comando do Capitão de Mar e Guerra FN Antônio Rodrigues Lopes — Comandante do Batalhão —, do Capitão Tenente FN Caio Pompeu de Souza Brasil Filho e dos 1ºs Tenentes FN Artur Xavier Moreira e Aloísio dos Santos Carneiro — Comandantes da Companhia de Serviço.

Dentre os eventos marcantes do batalhão constavam os desfiles militares, os quais mereciam destaque especial. Desfilar na Av. Presidente Vargas no dia 7 de setembro de 1967, quando o Marechal Humberto de Alencar Castelo Branco era o Presidente da República, mexeu muito com meus sentimentos patrióticos. Afinal, tratava-se da comemoração da Independência do Brasil, fato cívico da maior relevância para todos os brasileiros.

Batalhão Riachuelo
Aluísio à porta da oficina elétrica (12/03/2020)

Participei da Operação Dragão III, em São Sebastião, SP, em novembro de 1967. Experiência inesquecível, uma espécie de prova de fogo da qual todo fuzileiro se sente orgulhoso em participar! Após muito treinamento, chegou o dia do embarque no navio que nos transportou até às proximidades da praia escolhida para a operação. Lembro-me que o mar estava bastante agitado. Tempo chuvoso. Na hora indicada deixamos o navio, descendo pela rede de desembarque até as chamadas EDVPs (Embarcação de Desembarque de Viaturas e Pessoal). Elas permaneceram na chamada Zona de Reunião durante certo tempo e, no momento em que o comandante da operação determinou, seguiram em direção à praia. Todos estávamos muito tensos, pois se tratava de um exercício que exigia redobrada atenção, excelentes preparos físico e psicológico. O treinamento foi feito de modo a que tudo desse certo. Dei o máximo de mim, com muita vibração!

Os minutos entre o desembarque do navio e a chegada à praia pareciam intermináveis. Quando a

Batalhão Riachuelo – Desfile de 07/09/1967 na Av Presidente Vargas, Rio de Janeiro

Batalhão Riachuelo – Desfile de 07/09/1967

Batalhão Riachuelo – Desfile de 07/09/1967

Batalhão Riachuelo – Desfile de 07/09/1967

EDVP tocou a areia, à beira da praia, o condutor acionou o dispositivo e liberou sua parte frontal, a qual se converteu em rampa por onde

Aluísio no navio da Operação Dragão III – Rio de Janeiro (novembro de 1967)

EDVPs na Zona de Reunião – São Sebastião – SP (novembro de 1967)

Desembarque anfíbio

saímos, totalmente equipados, e acabamos de chegar à areia seca. Seguiu-se uma série de exercícios até à vitoriosa conquista do objetivo proposto para a Operação Dragão III.

Graças a Deus a operação foi realizada com sucesso e me senti agradecido por mais aquela conquista.

O Batalhão Riachuelo, para mim, à semelhança do Humaitá, constituiu-se numa verdadeira família. Os comandantes conseguiam ornamentar a disciplina e a hierarquia com um tratamento muito agregador, num ambiente enriquecido pela camaradagem, pelo respeito, pela cooperação e outras virtudes. À constante preparação física, aliava-se a preparação intelectual e profissional dos seus homens. Os cuidados com a formação moral e ética eram permanentes. O altruísmo era nota sempre presente, além do incentivo mútuo à busca do crescimento pessoal nas diversas áreas da vida.

CAPÍTULO IV

DESVIO DE ROTA

Mas Jesus lhes replicou: Ninguém que, tendo posto a mão no arado, olha para trás é apto para o reino de Deus. —Lucas 9:62

A despeito de todos os obstáculos e das inúmeras dificuldades com que me deparei em relação ao exercício prático de minha fé, em momento algum passou pela minha cabeça que deveria me tornar um desertor da carreira cristã, muito menos um negador ou traidor de Cristo. Sabia eu, pelo conhecimento que possuía da Bíblia Sagrada e pelos ensinos que a família e a igreja me transmitiram desde a infância, que a profissão de fé que havia feito no início da adolescência incluía o compromisso de levar a vida numa determinada direção, isto é, seguir numa rota estabelecida por Deus, de acordo com os ensinos de sua Santa Palavra, para honra e glória do nome dele, para o bem do próximo e para minha própria bem-aventurança terrena e celestial. Porém, descuidos, negligências e deslizes foram minando minhas resistências espirituais, mudando meu foco e, de maneira lenta, mas progressiva, criando condições para que viesse a me desviar da rota espiritual que havia escolhido para minha vida, no início da adolescência.

Aprendi desde criança que o ser humano precisava conversar com Deus, isto é, fazer oração. Reconheço, porém, que não cuidei dessa prática religiosa com a necessária disciplina, como solene dever cristão, fonte de vitalidade espiritual. Portanto, cheguei aos meus 17 anos sem desenvolver um relacionamento mais próximo e habitual com Deus. Admito que tão logo ingressei na vida militar comecei a relaxar minha pouca prática de oração até interrompê-la de vez.

Na igreja que frequentei durante minha infância e adolescência havia muitas atividades incentivadoras à leitura e estudo da Bíblia Sagrada. Era ensinado que, além de conversar com Deus por meio da oração, todo cristão precisava se alimentar espiritualmente na fonte de vida chamada Palavra de Deus. Aos domingos, na Escola Dominical, aprendíamos os nomes das divisões e dos livros da Bíblia Sagrada, dos seus autores, bem como estudávamos temas importantes, com mensagens e ensinos aplicados à vida cristã. A metodologia incluía o uso de flanelógrafo, textos, desenhos, contação de história, discussão em grupo e outros meios. Havia dinâmicas interessantes, a exemplo da recitação em público de versículos bíblicos que decorávamos. Porém, depois que fui para o quartel comecei a substituir a leitura da Bíblia Sagrada por outras literaturas e o resultado não poderia ter sido outro: ela ficou fechada dentro do armário e assim permaneceu por muitos meses. Parecia estar indiferente e desinteressado pela Palavra de Deus. Passei a ler gibi com frequência. Apeguei-me a eles. Devorava aquelas histórias contadas nos quadrinhos ilustrados, mas elas não me alimentavam espiritualmente.

Após a mudança para o Rio de Janeiro, minha frequência à igreja diminuiu com muita rapidez. Toda vez que passava perto de templos, lembrava que precisava ir ao culto, mas não dava a esse assunto a atenção e o valor que merecia. Até programava ir à igreja, pelo menos nos domingos em que estivesse de folga, mas, que nada! Quando menos esperava, outros compromissos eram assumidos e não ia ao culto. Tal atitude virou uma rotina e, com isso, deixava de alimentar minha fé no convívio com os irmãos, deixava de receber orações por mim mesmo, perdia oportunidade de criar novos laços fraternos, de receber assistência pastoral, de me entrosar com a juventude cristã, deixava de ouvir as edificantes pregações da Palavra de Deus e assim por diante. Fui me tornando uma "ovelha" fora do aprisco e dos caminhos do Senhor.

Encontrei fuzileiros cristãos mais idosos e experientes que eu, os quais levavam a sério a prática da oração, da leitura e estudo da Bíblia

Sagrada, das atividades da igreja e da evangelização. Alguns deles se colocaram à disposição para apoiar espiritualmente os jovens soldados.

Nos primeiros dias, achei muito interessante aquela atitude, mas, aos poucos, comecei a me esquivar deles. A conversa deles era boa, mas não estavam conseguindo me cativar. Eu queria dar um tempo para mim mesmo. Na verdade, naquele verdadeiro "cabo de guerra espiritual", eles estavam me perdendo para interesses do mundo que, sorrateiramente, conseguiam puxar meus pés para fora dos caminhos de Deus.

Foi dentro desse cenário que a amizade com jovens fuzileiros ia se fortalecendo. Porém, eles não haviam assumido os mesmos compromissos que eu havia assumido quanto à obediência aos ensinos da Palavra de Deus e às orientações da igreja, do jeito que eu aprendi. Portanto, era evidente que não podia contar com a ajuda deles quanto ao fortalecimento de minha espiritualidade e, nem de longe, seria justo responsabilizá-los por isso. Dessa forma, principalmente durante 1965, diante de encantadoras oportunidades, acabei me envolvendo progressivamente com os prazeres que o mundo oferecia. Sentia-me desafiado a curtir minha juventude de maneira diferente daquela que havia aprendido. Além do mais, fixei na cabeça a ideia de que não tinha que prestar contas de minha vida pessoal e privada a ninguém. Era o dono do meu nariz. Estava livre para escolher e tomar minhas próprias decisões. Por outro lado, percebia que minhas convicções religiosas estavam sendo confrontadas. Lutava para não abrir mão delas, mas, como não nutria minha fé, estava espiritualmente enfraquecido, cedia às tentações e me afastava cada vez mais dos caminhos de Deus. Assim, de concessão em concessão, de deslize em deslize, quando acordei estava longe da rota inicial, à semelhança de uma embarcação à deriva, com motor quase parando, sem bússola para se localizar e poder retomar a direção de algum porto, à procura de ajuda.

Nas minhas reflexões fui constatando que a busca de satisfação para os desejos carnais era, na verdade, uma forma de preencher um vazio interior, de camuflar e abafar a busca de algo incomparavelmente mais importante: o sentido, o propósito, o significado para minha própria existência. No entretanto, após longo tempo de procura, continuava sem respostas e sem saber o que mais fazer para encontrá-las. Além disso, tinha que admitir, querendo ou não, que meu testemunho cristão estava deixando muito a desejar. Na verdade, a consciência de uma vida espiritual sobrecarregada e cheia de máculas estava tão presente que cheguei ao ponto de me desvencilhar do abraço de minha própria mãe, por ocasião de uma visita que fiz à família, sem que ela jamais percebesse o motivo.

A despeito dos conflitos vivenciados interiormente, esforçava-me em preservar e fortalecer a aparência de um naval exemplar. Não faltava ao serviço. Envergava a farda com muito garbo. Participava da rotina do batalhão com o máximo de dedicação. Esforçava-me para tratar os pares e superiores "na marca", isto é, de acordo com o que previa o regulamento. Esforçava-me na prática dos exercícios físicos. Procurava cumprir com meus deveres e desempenhar com dedicação as atribuições que recebia. Praticava exercícios de musculação e possuía um porte físico de atleta. Cultivava amizades, dentro e fora do quartel. Usufruía de boa saúde. Não tinha recebido nenhuma punição. Estava a caminho dos 19 anos de idade e tinha, portanto, um futuro promissor pela frente.

Batalhão Riachuelo – Aluísio, após prática de natação (29/11/1966)

O problema era que dentro de mim, no meu mundo interior, a realidade era outra. O sofrimento moral, o cansaço da rotina diária cheia de repetições, a angústia, a ansiedade, o tédio, a solidão interior e as buscas não correspondidas se tornaram minhas inseparáveis companhias. Tal situação se agravou até o limite máximo: certo dia, inesperadamente, surgiu um pensamento que definiu e resumiu tudo que vivenciava: "Minha vida não tem sentido para mim; é um absurdo. Quem se suicida é mais ´macho` do que eu, porque tem coragem para pôr fim a essa coisa insuportável". Aqui a situação complicou, pois não era do meu feitio admitir que alguém fosse mais ´macho` do que eu. Fiquei por um instante sob forte impacto emocional. Era como se lâmpadas amarelas e vermelhas se acendessem na minha tela mental, formando um quadro que indicava ATENÇÃO! PERIGO! Pois, dentre outros meios ao meu alcance, poderia me valer da arma do quartel quando estivesse de serviço e por fim àquele sofrimento! Foi quando, num abençoado momento de muita lucidez, reagi e dei uma voz de comando a mim mesmo! "Alto lá, Aluísio! Alguma coisa está errada com você". Nos dias seguintes experimentei uma espécie de pausa para meditação! Por incrível que pareça, foi num deles que assisti ao filme *À Meia Noite Buscarei a Tua Alma*. Confesso que saí do cinema bastante preocupado. À semelhança do jovem da Parábola do Filho Pródigo tomei consciência do terrível fundo de poço existencial aonde fui parar. Minha arriscada viagem na rota errada tinha chegado ao fim. Não deveria desrespeitar o ponto limítrofe entre a vida e a morte. A aguda sonoridade das sirenes internas e os dispositivos de segurança entraram em funcionamento. Eram nítidos e inequívocos os sinais de que a hora de planejar o retorno havia chegado, custasse o que custasse. Resolvi dar meia volta!

CAPÍTULO V

RETORNO QUASE IMPOSSÍVEL

Então, disse Jesus a seus discípulos: Se alguém quer vir após mim, a si mesmo se negue, tome a sua cruz e siga-me. Porquanto, quem quiser salvar a sua vida perdê-la-á; e quem perder a vida por minha causa achá-la-á. —Mateus 16:24-25

Todas as vezes que parei para considerar a possibilidade de retornar aos caminhos de Deus, concluí que se tornava algo muito difícil de acontecer. Tinha ido longe demais na estrada larga e nas veredas tortuosas da vida. Deparava-me frequentemente com uma série de obstáculos aparentemente intransponíveis, diante dos quais entendia que jamais me permitiriam dar uma guinada no rumo de minha vida. Cheguei a me familiarizar com eles, pois estavam sempre presentes, dentro e perto de mim, como que me escoltando, diariamente. Eles se tornaram velhos conhecidos meus. Sentia-me refém e prisioneiro deles. Por isso, mesmo a contragosto, tinha que reconhecer que me dominavam. Eu era obrigado a respeitá-los, pois reconhecia que controlavam minha liberdade de escolha e me instigavam a me distanciar cada vez mais de Deus e dos caminhos que Ele traçou para suas criaturas. A grande questão que se colocava diante de mim era esta: até onde vai essa viagem? Nessa estrada por onde vou existe placa de retorno para quem desistir de prosseguir nesse rumo? Existe, pelo menos, alguma rota segura de fuga, ou escape, para uma evacuação de emergência? Tratava-se de uma situação muito complexa, que me deixava bastante confuso.

O RESGATE de um **FUZILEIRO**

O primeiro obstáculo que encontrava quando pensava na possibilidade de retornar aos caminhos de Deus era o sentimento de vergonha. Afinal, tinha dado um testemunho negativo a respeito do Evangelho no âmbito do batalhão e fora dele. "Pisei na bola" várias vezes como discípulo de Jesus Cristo. Agora, com que cara iria me apresentar ao efetivo do batalhão? Tinha vergonha de mim, do meu passado. Tinha consciência de que, de certa forma, na conduta prática da vida cristã, eu havia negado meu conhecimento de Cristo várias vezes, tanto por meio da minha fala quanto de um comportamento incompatível com os requisitos de santidade componentes da vida cristã.

O segundo obstáculo que me impedia de retornar aos caminhos de Deus era o dilema de consciência. Não seria honesto, para mim mesmo, professar a fé cristã e não viver como cristão. O que me adiantaria ler a Bíblia, fazer oração, ir à Igreja e praticar outros atos religiosos se fora desses momentos eu não refletisse a essência de uma espiritualidade autêntica? Não seria uma hipocrisia de minha parte? Portanto, vivia essa tensão: queria fazer a coisa certa, desde que fosse como resultado de uma condição interior real e, como não conseguia, enfrentava um dilema religioso terrível, expresso sob forma de tensão entre minhas crenças e a distância entre elas e meu testemunho pessoal.

O terceiro obstáculo que me impedia de retornar aos caminhos de Deus eram as amizades que havia feito com muitos jovens, a maior parte integrante de minha turma, a turma de soldados fuzileiros que cursaram no Batalhão Humaitá, de março a julho de 1965. Éramos verdadeiros irmãos. Mas eles não demonstravam muita empolgação com o cultivo de uma vida espiritual comprometida com os valores do Evangelho. O negócio era cumprir com os deveres assumidos por um fuzileiro e honrar os valores da corporação — com toda disciplina e profissionalismo possíveis — e aproveitar ao máximo os tempos de folga para curtir a vida, cada um a seu jeito, nas infindáveis opções encontradas na Cidade Maravilhosa, quer nas atividades educativas, sociais ou de recreação. Éramos muito unidos. Às vezes eu funcionava como uma espécie de "conselheiro espiritual do grupo". Os elos de nossa amizade eram bastante consistentes. Eu não conseguia me ver no Rio de Janeiro longe dos meus amigos. Alguns deles me disseram várias vezes que eu era importante para eles e que não abriam mão de mim. A verdade é que valorizávamos muito nossa amizade e não admitíamos que seus elos fossem partidos ou rompidos.

Meus amigos nunca me pediram para eu abandonar minha fé, nem para deixar de praticar os deveres próprios de minha religião. Na verdade, temas bíblicos e religiosos não eram comuns em nossos papos. Portanto, a questão que se me apresentava era a seguinte: como retornar aos caminhos de Deus sem romper com o grupo de amigos, sem participar das programações preferidas deles, principalmente aquelas que conflitavam com certos compromissos da vida cristã?

O quarto obstáculo que me impedia de retornar aos caminhos de Deus se traduzia numa convicção de que jamais conseguiria colocar em prática os ensinos do Evangelho de Cristo. Eu não questionava os mandamentos e os ensinos da Bíblia Sagrada. Havia aprendido desde a infância que ela era a Palavra de Deus. Minha dificuldade era conciliar a aceitação das instruções da Palavra de Deus com a sua observância prática. Como colocar em prática o amor ao próximo? Como perdoar os meus ofensores? Como orar pelos inimigos? Como dar a outra face para alguém bater nela? Como caminhar mais uma milha numa demonstração de abnegação ou relevação de alguma exigência descabida? Como viver em castidade especialmente durante minha vida de solteiro? Como abrir mão da participação nos eventos festivos promovidos pela sociedade para priorizar a frequência e participação nas atividades da igreja? Como me tornar generoso de modo a entregar dízimos e ofertas destinados ao trabalho da igreja? Como falar a verdade, em quaisquer circunstâncias? Não admitia a ideia de retornar à igreja sem estar seguro de que conseguiria observar os preceitos abraçados por ela. Essas e outras questões me faziam adiar qualquer possibilidade de retorno aos caminhos do Senhor, sobretudo porque pouco conhecia a respeito da doutrina e obra do Espírito Santo e sua aplicação na vida do cristão, concedendo-lhe poder espiritual e capacitando-o para praticar os ensinos da Palavra de Deus.

O quinto e maior obstáculo que me impedia de retornar aos caminhos de Deus foi a tentação promovida por um mensageiro espiritual, da parte do Diabo, que alugou meus ouvidos espirituais e se dava ao trabalho de me citar frequentemente essa passagem das Sagradas Escrituras: "É impossível, pois, que aqueles que uma vez foram iluminados, e provaram o dom celestial, e se tornaram participantes do Espírito Santo, e provaram a boa palavra de Deus e os poderes do mundo vindouro, e caíram, sim, é impossível outra vez renová-los para arrependimento, visto que, de novo, estão crucificando para si mesmos o Filho de Deus e expondo-o à ignomínia" (Hebreus 6:4-6).

Muitas vezes fiquei intrigado comigo mesmo por causa dessa experiência, uma verdadeira batalha espiritual em campo aberto sem que eu estivesse preparado para lograr bom êxito nela. Havia deixado de ler a Bíblia há bom tempo. Nunca decorei a passagem de Hebreus 6:4-6. E agora, toda vez que me via às voltas com o pensamento de retornar aos caminhos de Deus, essa passagem bíblica entrava em cena, como que recitada nos meus ouvidos, lenta, enfática e repetitivamente. Ora, para quem aprendeu desde a infância que os livros da Bíblia eram sagrados e, portanto, verdadeiros, minha situação, à luz de Hebreus 6:4-6, estaria irremediavelmente liquidada? Não haveria mais chance para mim, ainda que eu quisesse consertar minha vida com Deus? Estaria fadado a carregar comigo uma consciência de culpa, um desejo de dar meia-volta, mas sem contar com uma oportunidade oferecida da parte de Deus? Prevalecia, porém, uma dúvida a meu favor: eu não me considerava um apóstata da fé cristã. Estava plenamente consciente que não havia negado a Cristo Jesus como meu Salvador e, portanto, não aceitava a aplicação dessa passagem à minha realidade, ainda que não possuísse uma compreensão mais clara, profunda e consistente do referido texto, por falta de conhecimento de determinados recursos de interpretação das Escrituras Sagradas. Foi um nó difícil de desatar! Tal luta durou um bom tempo. Assim como Satanás torceu a aplicação das Escrituras durante a tentação de Jesus, estava aplicando a mesma estratégia em mim. Foi essa compreensão que me ajudou a não fazer o jogo dele e manter a janela da alma aberta à misericordiosa e infalível voz do Bom Pastor.

É claro que alguns fuzileiros evangélicos tentaram me reconduzir aos caminhos de Deus. Nem todos possuíam habilidade para abordar pessoas afastadas da comunhão da igreja e que se encontravam à deriva dos caminhos de Deus, a exemplo do meu caso. Às vezes, eu ouvia frases assim: "Estou orando por você." ou "Você aceita ir à minha igreja no próximo domingo?". Outros apenas se limitavam a me convidar para os cultos que eram celebrados debaixo de uma amendoeira, à beira da pista que ligava o Batalhão Riachuelo ao acesso à Ilha do Boqueirão. Mas houve um deles que me abordou de maneira muito estranha. Ele tinha boa intenção, mas conseguiu me assustar e espantar. Com o dedo estendido em minha direção ele me disse, em tom firme e voz forte: "Se tu não te converteres, tu irás para o inferno". Quando ele terminou de falar eu me mandei para longe dele imediatamente e procurei evitá-lo todas as vezes que consegui! Porém, o Cabo Pedro de Moura, por causa de sua formação cristã e da forma de abordagem evangelística que adotava, vez por outra me transmitia boas palavras, sem exercer qualquer pressão. Jamais poderia me esquecer do Nascimento, um fuzileiro com quem servi na Copa dos Suboficiais e Sargentos. Dava um excelente testemunho cristão. Falava mais com atitudes do que com palavras. Certo dia ele me transmitiu uma palavra que me pôs a pensar: "Laurindo, você precisa de uma experiência com Deus".

A despeito da existência de obstáculos e da boa vontade de alguns militares cristãos em me resgatar espiritualmente, os dias foram se passando e minha situação espiritual ficava cada vez mais difícil. Encontrava-me num verdadeiro beco sem saída, ou melhor, num terrível abismo existencial, à espera, quiçá, de algum socorro mandado por Deus, única chance de garantir minha sobrevivência!

CAPÍTULO VI

OPERAÇÃO RESGATE

De longe se me deixou ver o Senhor, dizendo: com amor eterno eu te amei; por isso, com benignidade te atraí. —Jeremias 33:1

O ano de 1965 estava findando! No final dos anos anteriores, desde a infância, minha atenção se concentrava nas programações especiais realizadas na igreja que frequentava, principalmente as comemorações natalinas e o Culto de Passagem de Ano. Eu participava do coral, dos jograis, das apresentações teatrais, dos cultos alegres e concorridos que eram celebrados naquela comunidade religiosa, da qual agora eu me encontrava distante aproximadamente doze horas de viagem de ônibus. Foram ocasiões inesquecíveis, marcadas pela alegria das famílias que se encontravam, pela vibração com que as crianças curtiam aquelas atividades comunitárias que tanto contribuíam para o fortalecimento dos vínculos fraternos da família cristã. Todavia, tão logo ingressei na vida militar iniciei e progredi no cometimento de um grave erro: fui deixando paulatinamente de praticar os deveres religiosos básicos, incluindo o afastamento do convívio da igreja, e voltando minha atenção para outros interesses e para outros ambientes.

O Dia de Natal passou por mim e eu por ele sem sequer nos cumprimentarmos direito. O que eu mais desejava, porém, era participar de uma festa de virada de ano, o famoso Réveillon. Seria a primeira vez na minha vida que isso iria acontecer. E assim foi: escolhi o local, lá para as bandas da Barra da Tijuca, na parte sul da cidade do Rio de Janeiro. No dia certo lá estava eu, na companhia de alguns amigos, cheio de curiosidade, disposto a varar a noite e aproveitar o máximo daquele acontecimento inédito para mim. Porém, a partir de certa altura da noite fui constatando que seria muito desgastante ficar naquele local até o dia amanhecer, pois tudo que via, ouvia e experimentava não me satisfazia, não preenchia o vazio que havia em meu interior, não respondia minhas incômodas, angustiantes e constantes interrogações sobre a minha própria existência. Percebia que estava inquieto por dentro, interrogativo, desorientado, inseguro, angustiado, entediado, perdido dentro de mim mesmo, à procura de alguma coisa que, muito embora não soubesse definir, desconfiava não se encontrar naquela festa. Tive a impressão que os ponteiros do relógio não giravam e que cada minuto era um tempo interminável. Ufa! Ficava cada vez mais difícil permanecer naquele ambiente festivo. Mais difícil ainda era admitir que só poderia sair dali quando o dia amanhecesse, o que representava para mim uma situação geradora de uma ansiedade quase insuportável.

Entre uma e outra atividade festiva e a interação com amigos, prevalecia, paralelamente, em meu mundo solitário interior, um monólogo silencioso travado comigo mesmo. Era a conversa do fuzileiro Laurindo (esse era meu nome de guerra) com o próprio jovem Aluísio, com pouco mais de 18 anos de idade, posicionado numa perigosa encruzilhada da vida, enfrentando verdadeiras perturbações interiores e sem saber o que fazer da própria existência! Eu me sentia como que num verdadeiro e profundo buraco, bastante desorientado. Parecia o fim!

A madrugada ia alta. O Réveillon ficava cada vez mais animado. Contudo, quanto a mim, passei a me sentir cada vez mais deslocado naquele lugar. Mas, e daí? Fazer o quê? O jeito era aguentar firme até o dia amanhecer e retornar ao batalhão onde residia. Foi aí que, de repente, algo inesperado aconteceu: alguém falou comigo. O problema é que ouvi nitidamente uma voz, mas não consegui identificar, em meio a tantas pessoas, quem teria falado comigo. Porém, ao mesmo tempo em que procurava fazer essa descoberta, as palavras ditas por aquela voz ficavam cada vez mais claras, mais visíveis, mais nítidas e mais reais na tela da minha mente.

"— Aluísio, onde você está? Sua mãe e as igrejas oram e oram por você!". Eis o que ouvi.

Afastei-me para um lugar onde me senti mais a sós. Pus-me a refletir no significado de tudo que estava acontecendo comigo. Afinal, quem teria falado comigo? Concluí, aos poucos, que só poderia ter sido Deus. Foi assim que, em meio a tudo que acontecia naquela festa, resolvi, num dado momento, elevar a Deus uma oração, apesar de já ter perdido o hábito de conversar com Ele. Na verdade, rascunhei uma prece muito breve, objetiva, sincera, mas sem entusiasmo, uma espécie de pedido de socorro feito por um jovem moribundo, como se fora a emissão de um último SOS. Falei assim: Ó Deus, eu, de mim mesmo, não acredito que haja solução para o meu caso. Porém, se Tu achas que há, me mostra!

Enfim, o dia amanheceu e voltei para o Batalhão Riachuelo. Numa das noites seguintes, tive um sonho que quebrou o silêncio entre mim e aquela voz atribuída a Deus. Ele usou o recurso do sonho porque eu não lhe dava chance de falar comigo quando estava acordado. No sonho, eu estava no alto de um monte coberto de pastagens para gado bovino. Ouvi gritos de um grupo de jovens que se encontravam numa várzea, ao pé daquele monte. Entendi que eles estavam pedindo socorro. Desci rapidamente e fui ao encontro deles. Apresentei-me ao grupo e perguntei sobre o que estaria acontecendo. Disseram-me que havia uma assombração numa casa situada bem perto dali. Disse-lhes que me dispunha a ir com eles até à referida casa para verificar o que estava acontecendo lá. Fomos. Eu fui à frente.

Ao chegarmos à casa, entrei pela porta da cozinha, seguido por eles. Observei cuidadosamente cada espaço dela. Não vi ninguém, muito menos tal assombração. A seguir, dirigi-me à sala da casa que, de igual modo, não contava com a presença de nenhum ser humano, de nenhum fantasma, de nenhum ser doutro mundo. À medida que fazia a inspeção de cada cômodo ia informando o resultado ao grupo de jovens, os quais se limitavam a me acompanhar e ouvir. Por fim, entrei num dos quartos da casa. Não encontrei nenhum habitante, não me deparei com nenhum vulto, nenhuma assombração. Porém, de repente, comecei a ouvir uma música cantada por um coral, música muito bonita, com uma harmonia maviosa, cheia de um verdadeiro esplendor celestial!!! Aquela música me tocou, penetrou em todo o meu ser, mexeu comigo. Foi um recurso utilizado por Deus para me alcançar e penetrar em minha alma musical. Enquanto vivenciava embevecido aquela espetacular apresentação musical, jamais vista, eis que, de repente, vi uma grande quantidade de pombos que me rodeavam, numa formação em círculo, posicionados sobre o assoalho daquele quarto, voltados de frente para o centro onde eu me encontrava, com suas asas abertas tocando-se nas extremidades e com seus bicos apoiados sobre os respectivos peitos. A cena me encantou: um som musical esplendoroso e um círculo formado por pombos que me cercaram.

Vivenciei aquele emocionante quadro por algum tempo... De repente me ocorreu informar aos jovens que não havia assombração naquela casa. O que havia, isso sim, era algo muito sublime que eu julgava ser da parte de Deus. Na sequência, ainda no sonho, voltei no túnel do tempo, numa espécie de missão de reconhecimento. Foi aí que reconheci aquela casa. Disse aos jovens: "Esta casa era a casa onde meu pai residia com nossa família". Reconheci aquele quarto e lembrei-me que já havia morado nele. Aos poucos fui reconstituindo aquela parte da minha história. Recordei-me que residi naquela casa nos meus tempos de criança, na parte final da década de 1950, quando tomei a decisão de receber Jesus Cristo como Salvador e Senhor de minha vida. E assim, à semelhança de uma apresentação teatral, o sonho se foi e as cortinas do palco se fecharam, marcando o final daquele espetáculo celestial.

O sono foi interrompido: anunciava-se mais uma vez a alvorada de um novo dia no Batalhão Riachuelo! Tão logo acordei, veio-me a interpretação do sonho: se eu retomasse o caminho de volta para Deus, à semelhança do que fez o jovem da Parábola do Filho Pródigo

(Lucas 15:11-32), estaria de novo na casa do Pai Celestial, cercado pelo Espírito Santo, simbolizado pelos pombos, a única forma representativa por meio da qual minha mente jovem conseguia conceber a existência da Terceira Pessoa da Santíssima Trindade, pois quando criança, aprendi que foi assim que Ele se manifestou no batismo de Jesus.

O sonho terminou, mas o seu impacto não! Enquanto eu iniciava as rotinas de mais um dia, percebia que algo extraordinário estava acontecendo comigo, no meu mundo interior, muito embora eu não conseguisse explicar. Eram várias coisas que se sucediam, sucessiva e simultaneamente: os meus pecados passavam diante de mim como se fosse uma infindável legenda numa tela de TV ou de cinema, sentia-me perdoado por Deus e, ao mesmo tempo experimentava a sensação de estar sendo lavado, purificado interiormente, por um produto que eu não conseguia identificar.

Dentro desse novo ambiente do meu mundo interior percebi que, juntamente com a convicção de perdão, brotava uma paz que jamais havia experimentado dentro do meu coração, da minha alma e da minha cabeça. Por fim, irromperam em meu peito ondas de indizível alegria, seguidas de incontida e imensurável saudade de minha família, da qual me encontrava distante. Fui surpreendido por uma grande saudade da igreja, por uma vontade imensa de tomar a Bíblia em minhas mãos para lê-la novamente, por um desejo de orar e de contar ao mundo inteiro aquela transformação maravilhosa que estava acontecendo comigo.

Enquanto vivenciava essa experiência e dela desfrutava com o máximo de cuidado, uma passagem bíblica se sobrepunha a tudo, visualizada bem na tela da minha mente, de maneira muito nítida, como se tivesse sido escrita diretamente para mim. Era o versículo 3 de Jeremias 31: "De longe se me deixou ver o Senhor, dizendo: Com amor eterno eu te amei; por isso, com benignidade te atraí". Lágrimas brotavam nos olhos e desciam rosto abaixo na face do jovem fuzileiro que antes afirmava com muito orgulho e grande arrogância: "Homem que é homem não chora!"

Foi muito difícil fazer a higiene pessoal naquela manhã. Como lavar o rosto, escovar os dentes, pentear os cabelos, vestir o uniforme e, ao mesmo tempo, vivenciar aquela experiência mística dentro do alojamento da minha companhia, no início de um novo dia de expediente normal no meu Batalhão?!

O ônibus do batalhão, apelidado de "Papa-Filas", chegou! Era assim chamado por sua capacidade de acomodar grandes filas de passageiros. Postei-me à entrada do alojamento da minha companhia — Companhia de Comando e Serviço — de onde podia ver os militares que serviam no Riachuelo chegar para mais um dia de serviço. A rotina poderia ser a mesma para todos, menos para mim. Na verdade, o que eu mais queria naquela manhã era contar para alguém o que estava acontecendo comigo. Após alguns minutos, um dos passageiros do "Papa-Filas" chegou bem perto de mim, pois servíamos na mesma companhia. Entraria no alojamento pela porta onde eu me encontrava. Era o Cabo Infante Pedro de Moura, um respeitável cristão que havia me falado do amor de Deus algumas vezes no batalhão. Olhei para ele. Cumprimentei-o. Solicitei sua atenção. Ele parou. Abracei-o fortemente, sem me incomodar com o fato de estar com meus olhos umedecidos e ainda deixando

Batalhão Riachuelo – Alojamento da Cia Comdo e Serviço onde aconteceu o sonho

Cabo FN Pedro de Moura, fardado

Cabo Pedro de Moura e Aluísio no dia 12/03/2020

escapar aquelas quentes e inesquecíveis lágrimas. Era um soldado abraçando um cabo, fato não muito comum na caserna. Mas o Cabo Pedro de Moura, homem de Deus, soube discernir de imediato o que estava ocorrendo. Meu abraço foi demorado. Parecia estar abraçando minha família, minha igreja, meus irmãos fuzileiros do batalhão...

O Cabo Moura soube me acolher naquela linda manhã que marcava para sempre o início de uma nova fase de vida de um jovem fuzileiro. Ele cumpriu a missão de um verdadeiro pastor. Acolheu a ovelha que estava desgarrada do aprisco e que foi trazida de volta pelo Espírito Santo ao rebanho de Deus! Afinal, eu acabava de ser resgatado por um Deus de amor, numa espetacular e miraculosa operação de salvamento realizada pelo Espírito Santo. Ele me localizou, Ele me envolveu e Ele me içou de um terrível fundo de poço existencial, que cheirava morte, e colocou-me num lugar seguro, de onde pude contemplar horizontes nos quais vislumbrei alvos que me propus conquistar durante uma existência que agora havia encontrado significado e rumo certo. Mais que isso: recebi forças para avançar rumo àqueles horizontes nos quais fixei firmemente meu olhar. Enfim, tinha muito o que comemorar. Havia sobrevivido por obra e graça do Autor e Conservador da Vida. O absurdo da existência se desfez... E a vontade de viver pulsava fortemente em todas as partes do meu ser.

CAPÍTULO VII

EURECA!

O ladrão vem somente para roubar, matar e destruir; eu vim para que tenham vida e a tenham em abundância. —João 10:10

Após a experiência do resgate espiritual, percebi que meu maior problema havia sido resolvido e que havia encontrado o que tanto procurava: o propósito para minha própria vida, ou, em outras palavras, o significado para minha própria existência. Compreendi e aceitei que não vim ao mundo por um descuido de meus pais e nem por um acaso da natureza.

Ao me reconciliar com Deus, encontrei-me, aceitei-me e reconciliei-me comigo mesmo. Reconciliei-me com o próximo e com a própria vida. Passei a usufruir de uma paz e uma alegria que enchiam meu coração e minha cabeça. Acreditei, compreendi e aceitei que o Deus que me amou e resgatou tinha um propósito para mim, cujas extensões Ele mesmo me ajudaria a descortinar e conquistar progressivamente no decorrer do curso normal da vida. Senti-me fortalecido e disposto a tocar a nova vida com os desafios de cada dia. Recebi nova motivação para empregar esforços na realização de ações e atividades úteis à minha família, ao meu próximo e à minha Pátria. E mais, descobri que uma das principais razões para viver, e viver feliz, consistiria em eleger e abraçar causas que, de maneira direta ou indireta, estivessem relacionadas à promoção da justiça, da paz, do progresso e bem-estar da humanidade.

Nas entrelinhas do meu mundo interior percebi que essa maneira de conceber a vida estava lhe atribuindo significado e produzindo uma sensação de bem-estar interior muito gratificante. Comecei a entender um dos maiores segredos da felicidade humana: viver para servir, como forma de expressão de minha gratidão ao Senhor Jesus, meu Redentor! Foi essa mudança de atitude perante Deus e perante a vida que me ajudou a superar limitações, sublimar desejos conflitantes e experimentar graus de satisfação que mantiveram minha autoestima em constante elevação. A partir daí, pela graça de Deus, deixei de me sentir a palmatória do mundo e, de imediato, apliquei-me corajosa, altruística e persistentemente à busca de soluções dos problemas próprios da vida humana, começando por aqueles que afetavam meu bem-estar e crescimento espiritual. A descoberta do significado existencial resultou na formulação de uma nova filosofia de vida, cujos primeiros passos começavam a se esboçar, a partir do meu cotidiano.

Estava ciente de que precisava melhorar minha imagem pessoal e reparar meu testemunho cristão, a começar no Batalhão Riachuelo. Uma das primeiras providências foi substituir meu antigo nome de guerra, LAURINDO, por ALUÍSIO. Não queria mais ser conhecido como Laurindo, nome que não me trazia boas lembranças. Retomei a leitura da Bíblia. Deleitava-me na leitura dos Evangelhos e dos Salmos, cujas orações me inspiravam e serviam de modelo. Voltei à prática da oração. Já não me deitava e levantava sem conversar com Deus. Antes das refeições, agradecia ao Senhor o pão nosso de cada dia. Separei momentos em que podia ler a Bíblia e orar, fora do horário de expediente, no alojamento, na minha seção de trabalho, no rancho, debaixo de alguma árvore, à beira mar ou num dos montes existentes na área do Batalhão Riachuelo.

Aos fuzileiros que questionavam minha nova linguagem e conduta eu contava um pouco de minha história e da transformação espiritual em andamento. Gostava de frisar que a melhor vida era aquela oferecida por Jesus, a qual ele chamou de vida abundante (João 10:10), incomparavelmente melhor do que aquela que eu experimentei em 1965, fora dos caminhos de Deus.

Reconheço que a participação em movimentos de oração muito ajudou no meu crescimento espiritual. Lembro-me que, a convite do Cabo Pedro de Moura, compareci a uma reunião de oração que acontecia na residência do médico, Dr. Acioly de Brito, na Av. Paulo de Frontin, Praça da Bandeira. Ele era Presbítero e membro da Catedral Presbiteriana, à Rua Silva Jardim, 23, centro da cidade do Rio de Janeiro. Ao término daquele encontro, no momento de apresentação de pedidos de oração, estávamos em círculo. De repente, um senhor claro, alto e de voz firme pediu a palavra. Identificou-se como cristão e coronel do Exército Brasileiro. Esclareceu que, após avaliar o significado de sua presença até então, como servo de Deus, na vida militar, sentia a necessidade de ser cheio do Espírito Santo a partir daquele dia, a fim de que pudesse testemunhar de Cristo Jesus e compartilhar o Evangelho no seu ambiente de trabalho. A seguir se pôs de joelhos para receber a oração dos presentes naquele verdadeiro Cenáculo de Oração! Fiquei pasmado! Imaginei: *meu Deus, um coronel do Exército sente essa necessidade! Isso significa que eu, um simples soldado fuzileiro, também preciso seguir esse caminho para que possa ser usado por ti no meu quartel também*. E assim, à medida que ia me fortalecendo espiritualmente e apresentando um testemunho cristão mais coerente com os ensinos da Palavra de Deus, ia melhorando minha imagem de servo de Deus no batalhão, conquistando credibilidade e respeito da parte dos seus integrantes, para o engrandecimento do nome do Senhor.

O reconhecimento de que precisava reparar meu testemunho incluía minha relação com a Igreja Batista de Alegre, da qual era membro. Por isso, fui à minha cidade natal e procurei o pastor da igreja. Chamava-se Afrânio Fuly. Pedi-lhe que me atendesse em particular, no gabinete pastoral. Compartilhei com ele minha experiência de ovelha que esteve fora do aprisco e da maneira como o Bom Pastor Jesus me resgatou. Abri-lhe meu coração. Afirmei que já havia me arrependido dos pecados cometidos, que os tinha confessado a Deus, que me sentia perdoado por Ele e que desejava viver uma nova vida, seguindo os preceitos do Evangelho de Cristo. Portanto, queria acertar minha vida com a igreja também. Após me ouvir atentamente, limitou-se a me declarar que se eu cria que havia recebido o perdão de Deus, nada mais precisava ser feito da parte dele e da igreja a não ser me perdoar também. A seguir, deu-me uma palavra de encorajamento e orientação, orou por mim e me desejou a bênção de Deus. Retornei ao Rio de Janeiro aliviado. Havia removido mais um peso de sobre os meus ombros. Transferi-me, de imediato, para a Igreja Batista do Itacolomi, na Ilha do Governador, na qual passei a congregar assídua e fervorosamente.

O Espírito Santo continuou ajudando-me a solucionar problemas humanamente difíceis de resolver, um deles estava trancafiado numa verdadeira "caixa preta", hermeticamente fechada a sete chaves. Graças a Deus recebi coragem para abri-la. Não suportava mais aquele incômodo dentro de mim.

Certo dia, o Cabo Pedro de Moura, homem piedoso e dedicado à oração, convidou-me para um breve exercício espiritual no horário de folga, no início da noite. Retiramo-nos para um local reservado e nos acomodamos na pequena plataforma situada numa elevação, atrás da enfermaria do batalhão. Conversamos sobre a vida cristã. Oramos juntos e, de repente, por obra do Espírito Santo, meu espírito se quebrantou. Estava convencido que precisava abrir meu coração em busca de uma libertação e cura interior. Compartilhei meu sofrimento com meu amigo e conselheiro espiritual. Contei-lhe que eu e meu pai nos desentendemos certa ocasião, por motivos insignificantes, no meu modo de entender, quando trabalhávamos na extração de madeira, num local distante de Alegre. Foi na hora do almoço, com a presença de trabalhadores e patrões. Tudo indicava que ele estava tenso e muito preocupado naquele momento, por motivos que jamais descobri. Percebi que ele se sentiu ofendido e desrespeitado por mim quando surgiu um incidente relacionado ao oferecimento de almoço aos presentes naquele local. Desconfiei que ele iria me disciplinar na presença daquelas pessoas. Vez por outra, quando criança, eu fazia minhas peraltices, o que às vezes resultava em disciplina desproporcional, na minha avaliação. Achei que, como adolescente, seria inadmissível e injusto ser repreendido e, quem sabe, punido perante terceiros, no meu entender, sem motivo. Afinal, já vinha me sentindo injustiçado e reprimido há muito tempo e percebia que os limites de minhas resistências estavam chegando ao fim. Estava muito assustado e acuado! Corri para o rancho onde ficávamos hospedados e escapei do inesperado. Mas fui dominado pelo medo de um novo confronto quando meu pai chegasse da mata à tardinha. Foi aí que num piscar de olhos e com a rapidez de um relâmpago surgiu um pensamento inconfessável: se ele tentasse me disciplinar eu me defenderia usando a espingarda *Lerap* que utilizávamos para caçar e nos protegermos de algum animal feroz ou peçonhento. Ela ficava sob os meus cuidados. Aprendi a atirar muito cedo e agora, encontrando-me sob pressão, sentindo-me injustiçado e indefeso, decidi que usaria aquela arma para me defender dele, mas, no coração, concebi a disposição de matá-lo.

Tive um final de dia horrível! Um conflito gigantesco se estabeleceu dentro de mim. Jamais poderia cometer tal ato contra meu próprio pai! Mas, o que fazer? Estava a vinte e quatro quilômetros de casa e não podia contar com a mediação sempre bem sucedida de minha mãe. Graças a Deus o dia se findou, ele retornou para o rancho e nem de longe tocou no assunto que gerou nosso desentendimento, nem naquele dia e nem nunca mais. Por certo, o motivo de sua reação à hora do almoço já teria sido resolvido. Foi um grande alívio para minha cabeça e meu coração. Porém, registrei que fiquei com medo que tal coisa pudesse acontecer algum dia, no futuro, em situação semelhante. Por isso pensei: *assim que for possível, procurarei meu rumo*. Afastei-me do convívio de meu pai muito tempo depois desse episódio, mas carreguei comigo um coração adoecido, com enorme ferida aberta, já que não reparamos o prejuízo causado à nossa comunhão.

Jamais neguei para mim mesmo que papai amasse seus filhos. Esforçava-se ao máximo para cuidar deles. Na qualidade de cristão, era notório seu empenho por observar os ensinamentos do Evangelho. Porém, àquela altura dos acontecimentos, numa qualidade de vida tão estressante, ele ainda não havia conseguido desenvolver certas habilidades que são exigidas na educação de filhos, principalmente quanto às questões disciplinares. Parece que ainda estava condicionado à repetição do padrão adotado pelo seu próprio pai, o vovô Alício, com base num episódio que certo dia chegou ao meu conhecimento.

No brevíssimo retiro espiritual daquela noite, o Cabo Moura, com a paciência que lhe era peculiar, ouviu meu desabafo, minha confissão, enquanto eu chorava e derramava incontidas lágrimas que purgavam consigo um sentimento de ódio envenenado que estava agasalhado no meu coração por alguns anos. Ele me orientou de acordo com os ensinos das Escrituras Sagradas. Ajudou-me a confessar e pedir a Deus que me perdoasse aquele meu terrível pecado. Ajudou-me a liberar o perdão para meu velho pai. Orou ali mesmo por mim e rogou ao Senhor que me curasse daquela terrível ferida interior. Foi um santo remédio. Estava livre, livre e leve. Havia conquistado mais uma vitória de incalculável valor. Retornamos ao alojamento com os corações agradecidos a Deus e fomos descansar. Deus estava presente no Batalhão Riachuelo e assim continuou a realizar maravilhosos consertos em minha vida, no novo e espetacular capítulo que estava escrevendo.

Além de ser mais cuidadoso com a vida espiritual no cotidiano, passei a lidar também com uma possível mudança vocacional. Na dinâmica do relacionamento com Deus a questão vocacional começou a fazer parte constante das minhas orações. Parecia-me um assunto que precisava ser revisto à luz da vontade de Deus para a minha vida.

A Marinha do Brasil criou uma instituição de ensino, o Ginásio Almirante Saldanha da Gama, localizado na Casa do Marinheiro, Praça Mauá, destinado aos praças interessados em prosseguir em seus estudos. Aproveitei a oportunidade e cursei a 4ª e última série do Curso Ginasial. Foi em 1966. Tínhamos como Diretor o CMG Alfredo Azevedo dos Santos Lima. As aulas eram ministradas à noite.

Batalhão Riachuelo – Aluísio no local onde teve a experiência de perdoar seu pai

O Comandante do Batalhão Riachuelo, CMG FN Antônio Rodrigues Lopes, deu o apoio administrativo e consegui me formar. Uma das novidades que encontrei naquele ginásio foi a presença do Capitão Tenente Capelão Naval Padre Castenor de Lima Pinheiro, integrante do Corpo Docente. Foram inúmeras as vezes que conversamos sobre temas que envolviam questões espirituais, religiosas e voca-

Capelão Castenor

cionais. Tornou-se um grande amigo e conselheiro. Sua ajuda como capelão militar contribuiu significativamente para minha preparação para lidar com a questão vocacional.

Desejava ascender na carreira militar, ainda que tivesse que me transferir para outra Força. Na condição de egresso do Ginásio Almirante Saldanha da Gama, em 1967, foi-me concedido ingressar no Colégio D. Pedro II, Centro do Rio de Janeiro, para iniciar o curso científico, fato que contribuiria para meu crescimento na vida militar. Porém, na manhã de um abençoado domingo, nos primeiros meses daquele ano, o Espírito Santo usou o Pastor Pedro Litwinczuk, da Igreja Batista do Itacolomi, conhecido como Pedro Capela, para comunicar ao meu coração que Deus me chamava para ser pastor também. No dia 11 de março desse mesmo ano recebi uma profecia confirmando essa chamada. Essa experiência abalou radical e profundamente os meus planos, de tal modo que resolvi trancar a matrícula no Pedro II e iniciar o curso de Teologia no Seminário Betel, no Bairro do Rocha, Rio de Janeiro. Porém, meu ingresso nesse curso não foi suficiente para resolver uma grande luta que se instalou em mim em torno do seguinte assunto: deveria continuar na ativa ou dar baixa e me dedicar inteiramente ao trabalho pastoral? No fundo do coração tive a impressão que Deus não queria apenas que eu fosse cursar Teologia e exercer o pastorado sem dar baixa da Marinha. Resisti até onde foi possível. Afinal, a paixão pela vida militar era inegociável! Na verdade, eu a idolatrava! Porém, pressentia que em algum momento essa questão teria que ser resolvida, mas não tinha a menor ideia a respeito de tal solução!

Admiti e apresentei minha rendição à vontade do Espírito Santo, certa manhã, durante uma reunião de oração na residência de uma anciã, a irmã Cândida, da Assembleia de Deus, uma senhora piedosa que abria sua casa, creio que localizada no Bairro de Brás de Pina, para acolher pessoas interessadas em participar do movimento de oração, sob sua liderança. Confesso que tinha muita dificuldade de participar desse tipo de reunião. Fui lá a convite de um irmão e amigo, Olavo Nascimento Paiva. Eu havia falado com ele que suspeitava estar com alguma doença no coração. Havia ido ao médico no Hospital Central da Marinha, mas o médico me examinou e disse que eu não tinha nenhum problema cardíaco. Teimei com ele que estava doente até que ele me disse para me consultar com todos os médicos que eu quisesse a fim de tirar minha dúvida! Foi uma consulta muito esquisita aquela!

Voltei para casa encucado. Estava ou não com uma doença no coração? Foi nesse contexto que o irmão Olavo me convidou para a reunião na residência da irmã Cândida. Ainda bem que fui! O orgulho e o preconceito cederam espaço ao bom senso. Tão logo a reunião começou, o Espírito Santo se moveu com muito poder sobre mim. Fui poderosamente quebrantado pelo Espírito Santo. Tudo indica que passei por uma experiência de arrebatamento ou êxtase espiritual. No início da experiência houve como que uma implosão no meu coração. Na sequência tive a sensação de que no lugar do coração houvesse uma vasilha com líquido quente, em ebulição, o qual transbordava continuamente e se escoava para fora do meu peito. Foi algo tão real que, mesmo no êxtase, lembro-me de enfiar a mão direita por dentro da camisa, colocá-la sobre o lado esquerdo do peito a fim de localizar o buraco e estancar a saída daquela substância efervescente. Durante aquele êxtase não perdi a consciência e nem a ligação com meu corpo em nenhum momento.

Na dimensão espiritual para onde meu espírito foi conduzido, havia uma espécie de giroflex gigante que projetava feixes de luz fortíssimos, intensos, muito penetrantes e de longo alcance. Eles me alcançavam! Tive plena convicção de que a glória de Deus estava ali! No auge daquela poderosa e longa visitação aconteceu algo inusitado que tento descrever com o auxílio de uma ilustração tirada da própria vida militar: foi como se Deus tivesse apontado um poderoso canhão na direção do meu peito, num confronto direto comigo! Então, no meu espírito, no mais profundo do meu espírito, compreendi com total clareza que Ele me propunha duas alternativas radicais: aceitar incondicionalmente o chamado dele para o Ministério do Evangelho e cumprir sua missão no mundo ou rejeitar sua convocação e dali mesmo seguir viagem para o céu! Foi nesse clímax que o Senhor trouxe ao meu espírito a mensagem dirigida ao profeta Isaías: "Depois disto, ouvi a voz do Senhor, que dizia: A quem enviarei e quem há de ir por nós? Disse eu: eis-me aqui, envia-me a mim" (Isaías 6:8). Entendi o recado do Comandante Supremo. Minha resistência em renunciar minha própria vontade e aceitar o chamado divino para o Ministério do Evangelho, de maneira incondicional, chegara ao fim. Foi assim que, diante daquela visão celestial, com meu espírito genuflexo, isto é, como que ajoelhado, conscientizei-me de que a melhor escolha era aceitar o desafiador chamado do Senhor. Dei um passo em frente, ergui meus braços, anunciei e assinei minha rendição, sem reservas e, por duas vezes respondi ao Comandante Supremo com as mesmas palavras de Isaías. A primeira vez durante o êxtase e, na sequência, a segunda, enquanto retornava daquela dimensão espiritual e, ao mesmo tempo, balbuciava com meus próprios lábios: "eis-me aqui, [Senhor], envia-me a mim!" Aí percebi que a experiência de arrebatamento havia terminado e que eu havia retornado ao plano ou dimensão normal da vida humana.

Estava de joelhos. Abri os olhos. A reunião terminou. Vi diversas pessoas ao meu redor, aguardando pacientemente o Espírito Santo concluir mais uma obra na vida de um jovem que havia se proposto a andar nos caminhos de Deus. Levantei-me. Enxuguei as lágrimas. Recompus-me. Havia experimentado a plenitude do Espírito Santo. Havia sido curado da suposta doença do coração. Havia me rendido incondicionalmente ao chamado do Senhor para o Ministério Pastoral.

Retornei para casa como que levitando e exercitando a memória de modo a reprisar e arquivar nela tudo que havia acontecido comigo naquela reunião de oração. Estava muito impactado pelo poder do Espírito Santo. Perguntei ao amigo Olavo o que foi que teria acontecido comigo. Ele sabiamente não arriscou nenhuma explicação. Então, recolhi-me ao silêncio interior enquanto caminhávamos para o ponto do ônibus... Minha alma estava embevecida, leve e cheia de indizível gozo do Espírito de Deus!

Tomamos o ônibus que ia para a Ilha do Governador, onde morávamos. Assentei-me junto à janela, do lado esquerdo, lado do motorista. Ao passar sobre o viaduto que ligava o continente à Ilha do Governador, nas proximidades do Aeroporto do Galeão, olhei por aquela janela, fixei os olhos num lindo céu de brigadeiro e fiquei a contemplá-lo no início da tarde daquele memorável dia! Após alguns instantes, quebrei meu silêncio e balbuciei essa oração: "Senhor, deixarei tudo que for preciso por causa do teu Ministério".

É verdade que durante o meu tempo na ativa, aguardei o concurso para sargento músico, mas não houve nenhum edital para esse quadro. Queria crescer na carreira. Participei de um concurso para cabo, o único que surgiu. Estudei muito. Consta-me que tirei em primeiro lugar dentre os que concorreram e serviam na minha Unidade. Fui classificado para cursar comunicação. Abri mão da oportunidade conquistada, pois não consegui conciliar a experiência de chamada para o Ministério Pastoral, que recebi de Deus em 1967, com o prosseguimento de minha carreira no CFN. Restava-me concluir meu tempo legal de serviço militar, que se daria em março de 1968, e dedicar-me integralmente à nova carreira. Deveria cursar Teologia, pois me tornaria pastor!

Eureca! Encontrei!

CAPÍTULO VIII

SENHOR, ENVIA-ME A MIM!

*Depois disto, ouvi a voz do Senhor, que dizia:
A quem enviarei, e quem há de ir por nós? Disse eu:
eis-me aqui, envia-me a mim.* —Isaías 6:8

A experiência de vocação e de rendição por que passei provocou mudanças radicais em minha vida. Tinha que reaprender a lidar comigo mesmo. Tinha que aprender a conciliar a rotina do batalhão com as novas aspirações que passavam a fazer parte da minha realidade. A expectativa com relação ao meu futuro era grande e constante, mas eu sentia um verdadeiro recruta espiritual. Pressentia que o adestramento que me aguardava não seria nada fácil. Mas, a partir da oração de rendição à vontade soberana de Deus, o jeito foi contar com a ajuda dele e aprender a confiar que Ele guiaria meus passos e me usaria, a partir do local onde me encontrava.

Os fuzileiros evangélicos que serviam no batalhão criaram a União dos Evangélicos do Batalhão Riachuelo, mediante autorização do comandante. A estrutura da organização era muito simples e funcional. O dirigente era escolhido anualmente pelos integrantes da União. O local onde aconteciam os cultos e reuniões era debaixo de uma amendoeira, quase em frente à garagem e do lado direito da pista que seguia em direção à Ilha do Boqueirão. Serviam de assentos uns bancos de tábua. O local acomodava grupos em horário de instrução ou de folga, por sinal, um lugar muito agradável, não muito distante da praia do quartel. As principais atividades realizadas pela União incluíam a celebração de cultos, reuniões de oração, distribuição de bíblias e de literatura evangelística, visitas a enfermos e oração pelo batalhão. Os cultos eram realizados semanalmente, no intervalo do almoço, e possuíam uma programação bastante flexível: abertura, cânticos, compartilhamento de experiências, pregação da Palavra de Deus, oração pelos motivos apresentados, avisos e encerramento. Eis alguns nomes de integrantes da União: Adilson, Aleone, Aluísio, Alves, Batista, Elizeu, Ivo, João Batista da Rocha, Leite, José Nascimento Rodrigues, Nourival Glória da Silva, Jorge Pestana, Orlando Bessa da Graça, Pedro de Moura, Sandorval, Teiga, dentre outros.

A União cultivava um ambiente muito acolhedor e contava com a participação de evangélicos de diversas denominações, sendo as principais a Assembleia de Deus, a Batista e a Presbiteriana, bem como de convidados. Os assuntos abordados pelos preletores e pregadores tratavam de temas comuns às denominações representadas e aos convidados, sempre com alguma aplicação prática à vida militar. Os cânticos eram escolhidos dentre os mais conhecidos pelos integrantes da União, sendo que alguns eram prediletos e por isso eram cantados com mais frequência, a exemplo dos números 212 (Os Guerreiros se Preparam) e 196 (Oh! Jesus me ama), da Harpa Cristã, dos números 112 (Vencendo vem Jesus) e 396 (Cegueira e vista), do Cantor Cristão.

Batalhão Riachuelo – Amendoeira debaixo da qual a União dos Evangélicos se reunia Foto tirada dia 12/03/2020

Batalhão Riachuelo – Cartão da União dos Evangélicos para encaminhamento de novos convertidos

Os fuzileiros que manifestavam interesse em participar da vida cristã eram encaminhados a igrejas conhecidas. Havia um cartão de apresentação expedido pelo Dirigente da União, cuja finalidade era facilitar a acolhida dos irmãos de farda pelos pastores das igrejas indicadas.

A partir de 1966, comecei a participar assiduamente das atividades que a União realizava. Fui aceito pelo grupo, mas foram necessárias algumas semanas para que os principais líderes acreditassem que eu realmente havia tomado a decisão de levar a vida cristã a sério. No ano de 1967 fui eleito Dirigente da União dos Evangélicos do Batalhão Riachuelo. Senti de perto o peso da nova responsabilidade. Procurava cumprir as atribuições da melhor maneira possível. Na verdade, era como se estivesse recebendo um treinamento prático para o futuro exercício do pastorado. Segui o modelo de programação anteriormente adotado, sempre cuidando para que a unidade do grupo fosse fortalecida e o testemunho cristão apresentado de forma prática nas relações hierárquicas, no cumprimento das atribuições, nas escalas de serviço e assim por diante. Afinal, a União entendia que o testemunho cristão implicava em exemplar observância dos valores cristãos e militares.

No ano de 1967, iniciei o curso de Teologia no Seminário Teológico Betel. Ele funcionava à noite. Porém, em virtude do meu envolvimento com o Movimento de Renovação Espiritual que estava acontecendo nas denominações históricas do Brasil, inclusive na minha, fui desligado da Igreja Batista do Itacolomi, na manhã de um belo domingo, dia 04 de junho de 1967, após confirmar que passei a acreditar no batismo com o Espírito Santo e nos Dons Espirituais como realidades para os dias atuais, orientação que divergia daquela adotada por minha igreja local. Na verdade, eu estava buscando o cumprimento das promessas bíblicas sobre esses assuntos, mas não tinha clareza das implicações doutrinárias envolvidas. Por isso tive que interromper o curso teológico no meio do ano, por decisão do Magnífico Reitor, Pastor José de Miranda Pinto. Fui pego de surpresa. Senti na pele o prejuízo: abri mão do curso científico no Pedro II e comecei o curso de Teologia, entendendo que estava obedecendo a Deus, mas, de repente, tudo foi por água abaixo! Entreguei essa causa nas mãos de Deus. No mesmo dia de minha saída da Igreja Batista do Itacolomi, fui admitido à comunhão da Igreja Batista Getsêmani, cujo Pastor chama-se Joel Ferreira. Tratava-se de uma das igrejas batistas pioneiras envolvidas com o Movimento de Renovação Espiritual. Tinha por sede à Rua Uranos, nº 1339, altos, Bairro de Olaria, Rio de Janeiro.

Naquele culto, para minha grata surpresa, foram recebidos como membros, por aclamação, o Pastor Severino de Azevedo Lima, os irmãos Teófilo (Sargento Fuzileiro), Moisés (Cabo Fuzileiro) e eu, Aluísio (Soldado Fuzileiro).

Uma consequência positiva dessa experiência foi que fiquei com mais tempo para me dedicar aos afazeres da União, enquanto aguardava oportunidade de me matricular em outro seminário. Diversas pessoas tomaram conhecimento que eu havia iniciado minha formação em Teologia. Confesso que fiquei surpreso e preocupado quando certo dia o médico do batalhão, o Capitão Tenente Enaldo dos Santos Araújo, um verdadeiro *gentleman*, apresentou-me ao seu colega e se referiu a mim como o teólogo do batalhão. É claro que ele deveria estar brincando, pois o caminho para chegar a ser um teólogo era muito longo e eu estava apenas começando a ensaiar os primeiros passos nessa direção! Na verdade, nem a título de brincadeira eu não merecia aquele título. Por isso mesmo entendi que ele estava me motivando a seguir em frente no curso de Teologia. Mas, de qualquer maneira, senti o peso da responsabilidade decorrente do elogio do Dr. Enaldo e interpretei essa manifestação como mais uma confirmação da minha chamada ministerial.

No cotidiano do batalhão, dediquei-me a ajudar colegas que manifestavam interesse em buscar um relacionamento com Deus. Presenteava-os com Bíblias, Novos Testamentos e folhetos evangelísticos que comprava numa Livraria Evangélica que existia na Praça Tiradentes, Centro. Nos bolsos de minha gandola, eu sempre tinha folhetos com mensagens edificantes que procurava entregar ao pessoal do batalhão como forma de anunciar as boas novas do Evangelho de Cristo Jesus. Convidava, buscava e levava os interessados às reuniões debaixo da amendoeira e aos cultos fora do quartel. Recebia pedidos de oração que diversos deles faziam e partilhava-os com quem me ajudava a interceder a Deus por aquelas vidas. Muitas foram as respostas positivas das orações apresentadas a Deus. Vários colegas tiveram seu encontro com Deus e experimentaram transformações extraordinárias realizadas pelo Espírito Santo em suas vidas.

Uma das atividades da União, em datas previamente combinadas, eram as visitas a igrejas da cidade, nas quais congregavam fuzileiros que serviam no batalhão. Naquelas ocasiões eu tinha a oportunidade de relatar a respeito do trabalho realizado no quartel e de incluir apresentação de testemunhos. As igrejas ficavam muito felizes e glorificavam a Deus diante do que viam e ouviam. Por isso, redobravam suas orações em nosso favor e do batalhão. A unidade do Corpo de Cristo se expressava de maneira visível naqueles intercâmbios.

No mês de julho de 1967, de 18 a 23, foi realizada nos Estádios Gilberto Cardoso (Maracanãzinho) e Mário Filho (Maracanã), Rio de Janeiro, a 8ª Conferência Mundial Pentecostal. Soube que o Presidente da República, Marechal Humberto de Alencar Castelo Branco, havia decretado ponto facultativo para os funcionários públicos que quisessem participar do evento. (Dec. Nº 22, publicado no DO nº 113, de 16-06-1967). Tomei a iniciativa. Apresentei o requerimento ao Comandante do Batalhão, CMG FN Antônio Rodrigues Lopes, com os nomes de todos os fuzileiros interessados em participar da conferência. Graças a Deus, o requerimento foi deferido e um bom grupo teve a oportunidade de comparecer a um dos mais importantes acontecimentos religiosos evangélicos mundiais da década de 1960. Os dois estádios receberam milhares de pessoas naqueles dias. O Pastor Paulo Leivas Macalão presidiu a conferência que contou com a participação de pregadores de renome internacional que abordaram temas relacionados ao Espirito Santo, ao Arrebatamento da Igreja e outros. Os cânticos eram impactantes. As orações fervorosas produziam efeitos que se faziam sentir naquela magna congregação. Houve muitas conversões a Jesus, curas de enfermos, aceitação de apelo para santificação e obediência ao Senhor, além de manifestação do poder do Espírito Santo durante as pregações e testemunhos.

Lembro-me de que, ao me dirigir ao Comandante da minha Companhia, o Capitão FN Caio Pompeu de Souza Brasil Filho, apresentar-lhe o requerimento deferido e comunicar que me ausentaria do quartel durante os dias da conferência, ouvi dele uma pergunta sobre que benefícios aquele evento resultaria para a Marinha do Brasil. Confesso que, por causa de minha pouca experiência e sabedoria como líder cristão, fiquei um tanto embaraçado naquele momento e a única resposta que consegui elaborar foi essa: "Comandante, só o futuro dirá". Na minha posterior avaliação concluí que a conferência contribuiu para valorizar a unidade cristã, para incentivar a busca do avivamento espiritual, para despertar o interesse pela evangelização e, particularmente, reforçou em mim a necessidade de depender do poder do Espírito Santo para realizar a obra de Deus no batalhão e onde quer que estivesse a serviço dele no mundo. Além disso, ela contribuiu para fortalecer o senso de responsabilidade profissional.

Declaração de participação da
8ª Conferência Mundial Pentecostal

Declaração de participação da
8ª Conferência Mundial Pentecostal

Outro evento importante realizado em 1967 relaciona-se à Operação Dragão III, à qual me referi anteriormente. Após os exercícios previstos, ficamos hospedados em São Sebastião, à espera do retorno ao Rio de Janeiro. Na condição de Dirigente da União dos Evangélicos do Batalhão Riachuelo, promovi uma visita à igreja batista da localidade, durante nossa folga, com a participação de diversos irmãos. Fomos muito bem-recebidos, o que causou admiração a diversos fuzileiros que ficaram impressionados com o acolhimento que nos foi oferecido por aquela igreja.

Nos momentos de folga, aproveitava para compartilhar com os membros do batalhão pequenos folhetos com mensagens do Evangelho, com o intuito de ajudar no fortalecimento da espiritualidade da tropa. No dia do seu retorno ao Rio de Janeiro, o batalhão aguardava no cais a hora do embarque. Durante o tempo de espera, aproveitei a oportunidade para oferecer aos fuzileiros folhetos com mensagens bíblicas. A aceitação do material foi de bom grado e me senti muito feliz por poder compartilhar as boas notícias do Evangelho no meu próprio ambiente de convivência e trabalho.

O dia da baixa estava para chegar e isso de certa forma me inquietava. Entendia que precisava dar o melhor de mim no cumprimento das atribuições profissionais até minha despedida e, por outro lado, procurava compartilhar as boas novas do Evangelho aos integrantes do batalhão. Cheguei à conclusão que seria muito difícil alcançar a todos naqueles poucos meses que me restavam. Foi aí que fiz uma oração bastante ousada. Pedi a Deus que me desse a oportunidade de anunciar as boas novas do Evangelho aos membros do batalhão. Sabia que humanamente falando eu não tinha a menor chance de me dirigir ao batalhão, afinal eu era apenas um soldado! Quem geralmente dirigia a palavra ao batalhão era o comandante ou algum oficial designado por ele. Portanto, a melhor coisa a fazer era desistir desse intento ou apresentá-lo a Deus em oração e aguardar. Optei pela última ideia.

O Natal de 1967 estava se aproximando. Na formatura de certo dia foi anunciada a designação de uma comissão encarregada da programação natalina. Dirigi-me, de imediato, ao oficial-chefe da comissão. Disse-lhe que a União de Evangélicos do Batalhão gostaria de participar da programação. Dentro de poucos minutos estava tudo resolvido. Ele autorizou. Concedeu cerca de 20 minutos para nossa participação. Comuniquei o fato aos irmãos e iniciamos os preparativos. Organizei o roteiro que incluiu músicas de Natal, mensagem de Natal, entrega de Bíblias e agradecimentos. Usei os conhecimentos musicais e treinei um quarteto para apresentar músicas natalinas, dentre elas, a seguinte:

NOITE DE PAZ

Tudo é paz tudo amor!
Dormem todos em redor,
Em Belém Jesus nasceu,
Rei da paz da terra e céu!
Nosso Salvador,
É Jesus Senhor!

Glória a Deus, glória a Deus!
Cantam anjos lá no céu!
Boas novas de perdão,
Graça excelsa, salvação;
Prova deste amor,
Dá o Redentor.

Rei da paz, Rei de amor,
Deste mundo Criador!
Vinde todos Lhe pedir,
Que nos venha conduzir,
Deste mundo a luz,
É o Senhor Jesus.

(Cantor Cristão, nº 30. Autores: Franz Xavier Gruber (1787-1863) e Joseph Mohr (1792-1848)

Preparei uma breve mensagem de Natal e fiquei aguardando o dia de entrar em campo e cumprir tão privilegiada missão. No dia das comemorações festivas, aquele oficial coordenou as atividades e, no momento combinado, anunciou nossa participação. Estávamos todos de uniforme branco. A celebração natalina aconteceu no Rancho dos Cabos e Soldados que estava bastante lotado. Graças a Deus correu tudo bem! Tive oportunidade de me dirigir a todos os integrantes do Batalhão Riachuelo ali presentes, em data tão significativa, quando, ao mesmo tempo, sentia as emoções de uma iminente despedida.

Ao término das atividades, fui procurado por um sargento que me pediu: "Irmão Aluísio, por favor, cante pra mim um hino que minha avó sempre cantava nos meus tempos de criança". Felizmente eu

Batalhão Riachuelo – Foto de integrantes da União dos Evangélicos do Batalhão (abril de 1967)

conhecia o hino e pude atender ao seu pedido. Era o hino de nº 396 do Cantor Cristão, hinário dos batistas, cujo título e letra transcrevo abaixo:

CEGUEIRA E VISTA
Oh! tão cego eu andei, e perdido vaguei,
Longe, longe do meu Salvador;
Mas da glória desceu e seu sangue verteu
Pra salvar um tão pobre pecador.

Estribilho
Foi na cruz, foi na cruz, onde um dia eu vi
Meu pecado castigado em Jesus;
Foi ali, pela fé, que meus olhos abri,
E eu agora me alegro em sua luz.

Eu ouvia falar dessa graça sem par,
Que do céu trouxe nosso Jesus;
Mas eu surdo me fiz, converter-me não quis
Ao Senhor que por mim morreu na cruz.

Mas um dia senti meus pecados, e vi
Sobre mim o castigo da lei;
Mas depressa fugi, em Jesus me escondi,
E refúgio seguro nEle achei.

Oh! que grande prazer inundou o meu ser,
Conhecendo este tão grande amor,
Que levou meu Jesus a sofrer lá na cruz
Pra salvar um tão pobre pecador!

(De: Ralph E.Hudson (1843-1901) e Isaac Watts (1674-1748))

O sargento estava muito emocionado. A parte do hino que ele havia gravado em sua mente era o estribilho: Foi na cruz, foi na cruz...

À saída do rancho, encontrei-me com o 1º Tenente FN Aloísio dos Santos Carneiro, um dos meus comandantes. Ele teve a humildade e a boa vontade de me ouvir. Falei com ele sobre o amor que Deus tem por todos nós ao ponto de nos enviar seu próprio Filho para nos salvar e convidei-o a aceitar Jesus como seu salvador pessoal. E assim pude realizar o que meu coração tanto pedia, a saber, anunciar as boas novas do Evangelho a todos os integrantes do meu batalhão, militares que eu havia aprendido a amar, aos quais desejava as bênçãos de Deus.

1967 chegava ao fim! O dia de minha transferência para a reserva, 28 de março de 1968, se aproximava cada vez mais e, na sequência, minha ida para o seminário. Os resultados de minha rendição ao Senhor já se faziam sentir e a disposição para continuar obedecendo suas ordens estava cada vez mais fortalecida. Repetia, com vibração e alegria: "Senhor, eis-me aqui, envia-me a mim!"

CAPÍTULO IX

RUMO AO SEMINÁRIO

*Depois, subiu ao monte e chamou os que ele mesmo quis,
e vieram para junto dele. Então, designou doze para estarem
com ele e para os enviar a pregar, e a exercer a autoridade
de expelir demônios.* —Marcos 3:13-15

A meu pedido, fui licenciado do Serviço Ativo da Marinha no dia 12 de março de 1968. O Certificado de Reservista Naval de 1ª Categoria foi expedido no dia 28 daquele mês pelo Comando Geral do CFN – 1º Distrito Naval, sob o nº 11.00054 – Série B. Foi assinado pelo Contra-almirante FN Haroldo do Prado Azambuja.

Cumpri os protocolos do batalhão e obtive o "nada consta" de todas as seções. Recebi minha Caderneta-Registro para Praça. Na parte destinada ao registro do comportamento, constava Zero Pontos perdidos, para a glória de Deus. Estava livre para baixar terra e retornar à vida civil.

Vesti meu uniforme de passeio pela última vez. Apanhei meus pertences. Despedi-me dos colegas e irmãos de farda. Dirigi-me à Sala de Estado muito compenetrado, como que contando os passos. Apresentei-me ao Sargento de Dia. Despedi-me dele. Segui até ao local onde a Bandeira Nacional estava hasteada. Tomei posição de sentido e, olhando firmemente para ela, prestei-lhe uma impecável continência. A seguir, visualizei calmamente o querido Batalhão Riachuelo e disse: "Adeus, Riachuelo! Jamais retornarei à vida militar, nem mesmo como Marechal, a menos que Deus queira que eu volte como Capelão!"

Segui em direção ao portão da guarda onde havia passado inúmeras vezes, mas desta vez era uma passagem carregada de um novo significado:

Batalhão Riachuelo – Aluísio perante o Mastro da Bandeira Nacional (12/03/2020)

estava retornando à vida civil, com destino ao seminário, instituição de ensino e casa de formação onde iria me preparar para o exercício do Ministério da Palavra de Deus.

O curso de Teologia que havia sido interrompido deveria ser retomado, preferencialmente, noutra instituição de ensino, em regime de internato, com a qual a Igreja Batista Getsêmani mantinha vínculo denominacional. A referida instituição se chama Seminário Teológico Evangélico do Brasil – STEB, localizado na Rua das Pedrinhas, nº 76, Venda Nova, Belo Horizonte – MG. Todavia, a jovem Igreja Batista Getsêmani não podia arcar com os compromissos financeiros do curso, motivo pelo qual ela me recomendou ao Seminário Teológico Evangélico do Rio de Janeiro, extensão que funcionava na Igreja Evangélica Fluminense, à Rua Alexandre Mackenzie, nº 60, Centro. Ele pertencia à União das Igrejas Evangélicas Congregacionais do Brasil e aceitava alunos de qualquer denominação evangélica, inclusive das igrejas envolvidas com o Movimento de Renovação Espiritual. Assim, trabalhava durante o dia como propagandista de laboratório farmacêutico e estudava à noite. Dessa forma, foram resolvidos dois problemas: a provisão financeira para meu sustento e o custeio do curso naquele ano de 1968.

A passagem pelo Seminário Congregacional, ainda que rápida, foi muito gratificante. Tive o privilégio de estudar com diversos pastores, verdadeiros mestres, consagrados servos de Deus, que ministraram disciplinas básicas num curso de Teologia: Souza Filho – Grego; Amaury de Souza Jardim – Português; Francisco de Souza Dantas – Introdução à Filosofia; Moacyr Ruffo – História Eclesiástica; Nélio Pontes Quaresma – Síntese Bíblica; Introdução ao Novo Testamento – João Arantes Costa; Guilherme Mac Millan – Evangelismo; William Forsyth

– Análise do Novo Testamento e João Arantes Costa – Hermenêutica. O esforço deles era visível. À noite, lá estavam, alguns já idosos, dando o melhor de si em favor da formação de novos obreiros para a seara do Mestre. O corpo discente era pequeno, mas os colegas sabiam cultivar um ambiente fraterno, amigo e alegre, fatores indispensáveis para garantir o ânimo de quem desprendia um grande esforço para estudar à noite, após um dia de trabalho em algum lugar do Rio de Janeiro. A contribuição do Seminário Congregacional foi decisiva. Evitou que eu perdesse mais um ano de estudo e ajudou na construção das bases de minha formação teológica e pastoral.

Graças a Deus, em 1969 a Igreja Batista Getsêmani pode me encaminhar para o Seminário Teológico Evangélico do Brasil (STEB), onde, no final do ano seguinte, concluí minha primeira graduação em Teologia. Identifiquei-me de imediato com o diretor do STEB, Pastor Renê Pereira Feitosa, oficial da reserva do Exército Brasileiro. É claro que ele não dirigia o Seminário como se estivesse comandando uma organização militar, mas seu estilo de liderança possuía diferenciais peculiares a quem encarnou os princípios da vida militar, por sinal, os quais me eram muito familiares.

Voltar ao regime de internato não se constituiu num problema para mim, pois a experiência de mais de três anos como fuzileiro me preparou para isso. É verdade que precisei de alguns dias para conhecer e me entrosar com minha nova família e me adaptar à rotina da nova casa: alvorada, exercícios devocionais, café da manhã, aula, almoço, intervalo, estudos individuais ou em grupos, trabalhos de pesquisa, jantar, mais estudos e atividades extraclasse, visitas a igrejas, prática da oração e do jejum, horário de silêncio, faxina, escala de serviço e outros. A exigência de leitura e resenha de livros era constante e exigia muita dedicação da parte de cada seminarista, tudo com prazo muito curto! A disciplina interna era bastante rigorosa, inclusive quanto ao relacionamento com o sexo oposto.

Dentre algumas expectativas que tive ao chegar no STEB, destaco as três principais: quais seriam as disciplinas, quem seriam os professores e, por fim, quem seriam os novos colegas. Dentro de poucos dias minha curiosidade foi atendida.

A relação de matérias do curso de Teologia incluía: Arqueologia Bíblica, Eclesiologia, Geografia Bíblica, Hermenêutica, História dos Avivamentos, Homilética, Inglês, Missões, Música, Novo Testamento, Organização e Administração Eclesiástica, Pneumatologia, Português, Psicologia Pastoral, Religiões, Síntese Bíblica, Sociologia, Teologia Bíblica do Novo Testamento, Teologia Sistemática e Velho Testamento. Todas essas disciplinas eram indispensáveis à formação geral dos futuros pastores, missionários e missionárias. A natureza do pastoreio exige que obreiros e obreiras estejam preparados para manusear bem a Palavra de Deus (2 Timóteo 2:15), procurando aplicar suas instruções de acordo com o contexto da vida real da congregação, das famílias e fiéis que a integram.

O corpo docente era formado por professores e professoras, a maioria oriunda da Convenção Batista Brasileira. Exerciam suas atribuições mais por ideal do que por outro motivo, estando entre eles alguns líderes pioneiros do Movimento de Renovação Espiritual: Achilles Barbosa Júnior, Albert Elms, Ary Lopes, Eduardo S. Vasconcelos, Enéas Tognini, Glaycon Terra Pinto, José Rêgo do Nascimento, Maria do Carmo, Maryann Helen Johnson Barbosa, Renê Pereira Feitosa, Raul Costa, Reuel Pereira Feitosa, Silas Leite, Wilton de Araújo Sampaio e outros.

Os novos colegas, cerca de noventa e seis, rapazes e moças, uma parte, a exemplo do meu caso e pelos mesmos motivos, tinha sido impedida de continuar seus estudos nas instituições de ensino teológico de origem e, outra parte, constituída de novos vocacionados oriundos das próprias igrejas renovadas. Tinham idade e grau de escolaridade diferentes. Havia alguns casados. Pertenciam a treze denominações evangélicas diferentes e procediam de vários estados brasileiros. Alguns eram bastante reservados, enquanto outros eram extrovertidos e brincalhões. A maioria dos seminaristas residia no próprio STEB. Nos relatos das experiências de vocação da maior parte dos colegas havia um dado comum: todos haviam renunciado a alguma opção profissional pessoal. Dentre as profissões anteriormente escolhidas por eles a lista incluía as seguintes áreas: Medicina, Direito, Engenharia, Militar, Policial, Contabilidade, Pedagogia e outras. Confesso que não tive maiores dificuldades para interagir com público tão diverso. Afinal, a passagem pelo Quartel Central do CFN, pelo Batalhão Humaitá e pelo Riachuelo, bem como a vivência de igreja, a experiência de seminarista no Seminário Betel e no Congrega-

STEB – Aluísio com seus 96 colegas

STEB – Cabo FN Pedro de Moura e Aluísio, em dezembro de 1970

cional ajudaram a me preparar para encarar situações desafiadoras no cotidiano da vida.

Todos nós, seminaristas, fomos aconselhados a pedir a orientação do Espírito Santo quanto às áreas de trabalho ministerial às quais deveríamos nos dedicar, pois nem todos tinham clareza nesse sentido, inclusive eu. Certo dia a professora de Inglês, Maryann Helen Johnson Barbosa, missionária americana, traduziu conosco parte de um livro chamado Prison to Praise (Logos Book, 1971), de Merlin Carothers, obra que veio a ser publicada posteriormente pela Editora Betânia sob o título "Louvor que Liberta". Quem era Merlin? Um Tenente Coronel Capelão Pastor do Exército dos Estados Unidos! Isso me fez relembrar o que havia dito quando dei meu adeus ao Batalhão Riachuelo. Muitas vezes pensava: "Saí do quartel, mas o quartel não saiu de dentro de mim!" Ou, então, me surpreendia com o fato de ter retornado à vida civil, mas não conseguia me sentir um civil. Essas questões não chegavam a representar um problema. Seriam resolvidas com o passar do tempo, pensava. Agora, com o contato com o livro do Capelão Merlin suspeitei realmente que Deus pudesse ter um plano ministerial para mim nessa área do serviço cristão. A partir dali incluí esse assunto nas orações durante muitos anos. A resposta de Deus, a seu tempo, veio positiva. Aleluia!

Durante os dois anos de estudo no STEB, tive o privilégio de desenvolver alguns serviços voluntários muito gratificantes. Exerci a regência do Coral do STEB, colaborei com a regência do Coral da Igreja Metodista Wesleyana do Bairro da Glória, ajudei na execução do projeto elétrico das novas edificações, assessorei o diretor em alguns assuntos administrativos, trabalhei como assistente religioso voluntário na Penitenciária Agrícola de Neves, localidade próxima de Belo Horizonte, e dirigi a Congregação Batista do Bairro Anchieta, trabalhos esses da Igreja Batista Central de Belo Horizonte, na qual tive a honra de estagiar, sob a liderança do Pastor Jairo Gonçalves. Foi nesse tempo também que conheci a seminarista Ivone Guedes, aluna do STEB, procedente de Goiânia, com quem me casaria no final de 1971.

Cada instituição de ensino teológico, de uma ou outra maneira, procura marcar seus alunos. Eis algumas das marcas que o STEB deixou em minha turma, a turma de 1970:

- **Acolhimento.** A criação do STEB, em 1966, foi uma iniciativa providencial da parte de líderes de diversas igrejas que aderiram ao Movimento de Renovação Espiritual. Duas foram suas principais finalidades: acolher seminaristas que ficaram impedidos de continuar seus estudos nas instituições de ensino teológico de origem e novos vocacionados oriundos das próprias igrejas renovadas. Quanto à primeira finalidade, ele cumpriu uma missão incomum na história das instituições de ensino teológico: acolher vocacionados oriundos de diversas denominações, os quais tiveram sua vida acadêmica interrompida por causa de controvérsias sobre a obra e doutrina do Espírito Santo. O que possuíam em comum? Experiência com o Espírito Santo que os levou a admitir a atualidade do batismo com o Espírito Santo e dos dons espirituais, a partir da concepção adotada pelos líderes do Movimento de Renovação Espiritual que tinha por referência o pastor batista José Rêgo do Nascimento, dentre outros. Por outro lado, onde o grande número de novos vocacionados iria se preparar para o serviço do Mestre?

- **Vocação Divina.** A Direção e o Corpo Docente do STEB dispensaram especial atenção aos seminaristas quanto à compreensão do significado bíblico, teológico e prático do chamado de Deus e da necessidade de total dedicação à realização de sua obra no mundo. Muitas das mensagens do Pastor Renê tratavam do tema da vocação cristã, assunto sobre o qual ele discorria com uma facilidade ímpar, geralmente a partir de Mateus 10:1-4, Marcos 3:13-19 e Lucas 6:12-16. Suas abordagens bíblicas associadas aos apelos, momentos de oração e de rendição pessoal em muito contribuíram para que internalizássemos e encarnássemos o significado e os desafios da vocação pastoral. Vez por outra os alunos tinham oportunidade de ouvir relatos das mais diversificadas experiências de vocação apresentados por obreiros e obreiras, brasileiros e de outras nacionalidades. Tudo isso me ajudou muito. Eu, particularmente, entendi prontamente que fui para o STEB a fim de ser forjado pelo Senhor. Confesso que dei muito trabalho ao Espírito Santo. Tive que alinhar e realinhar ideias e aspirações à visão de mundo e de missão apresentada no STEB. Mas Renê dizia que o STEB era o cadinho de Deus! E era mesmo!

- **Busca do Avivamento Espiritual.** O STEB nasceu como resultado de um maravilhoso despertamento espiritual que se iniciou no final da década de 1950 entre membros da Convenção Batista Brasileira e que se estendeu a metodistas, presbiterianos, congregacionais e evangélicos de outras denominações. Representou uma reação espiritual num momento em que o arrefecimento da prática da oração e do jejum, a limitada e tímida ênfase ao Espírito Santo e à busca de sua atuação na igreja resultaram num comodismo espiritual, acompanhado de engessado formalismo religioso e litúrgico, vazios de manifestações do poder de Deus, com impactos negativos na vida dos crentes e na missão da igreja. Dizia-se que os cultos eram belos, mas não alimentavam os corações sedentos e famintos pela gloriosa presença e manifestação do Espírito Santo. As pregações eram eloquentes discursos evangélicos, mas que não tocavam com poder transformador os corações dos ouvintes. Temia-se pela profissionalização do ministério. A mocidade mantinha um pé na igreja, onde permanecia, em parte, por causa de laços familiares, amizades, programas sociais e fraternais, e outro na direção de algum lugar em que pudesse preencher seu vazio espiritual.

Por outro lado, a evangelização se tornava cada vez mais desafiadora com o crescimento da taxa de pessoas envolvidas com alcoolismo e outras substâncias químicas, com o crescimento do culto ao prazer, com o aumento de pessoas oprimidas e possessas, com o aumento das propostas de divertimento e assim por diante. Havia, também, as questões relacionadas às carências sociais, ideológicas e políticas que mereciam redobrada atenção por parte da igreja. Daí, a urgente necessidade de um avivamento espiritual, batizado com a expressão Movimento de Renovação Espiritual, deflagrado pelo Pastor José Rêgo do Nascimento, após sua experiência pessoal com Deus nesse sentido. Por isso, além de estudos sobre os Avivamentos Históricos, o cotidiano do seminário incluía a celebração de cultos cuja forma não poderia dificultar ou impedir a manifestação e atuação do Espírito Santo. Havia grande incentivo à prática do jejum, individual e coletivo, e da oração, bem assim à constante busca do poder do Espírito Santo, conforme promessa registrada em Atos 1:8 e outras passagens das Escrituras. A vida em santidade deveria ser cultivada, com o máximo de empenho. Tínhamos verdadeira sede de participação nas vigílias de oração. Estávamos cada vez mais conscientes de que para enfrentarmos os desafios do tempo presente dependíamos de um poderoso avivamento espiritual. Só assim levaríamos avante a causa da evangelização, no Brasil e fora dele. O STEB entendia que sua missão não se limitava a promover a formação comumente ofertada por outras instituições de ensino teológico. Por isso, e de maneira discreta e responsável, procurava agregar à sua diretriz educacional tudo que fosse útil à preparação de obreiros e obreiras comprometidos com o cultivo de uma vida em constante renovação espiritual e com a busca do avivamento espiritual, onde quer que seus egressos estivessem a serviço do Reino de Deus.

- **Unidade Cristã.** Pertencíamos a umas treze denominações diferentes. A maioria de nós residia nos internatos. Havia rapazes e moças. Nunca soube de nenhuma quebra da comunhão entre colegas por causa das diferenças existentes entre as igrejas representadas. Pelo contrário, aprendíamos a colocar em prática a mensagem de comunhão presente na Oração Sacerdotal de Jesus (João 17). Tal ambiente foi um verdadeiro laboratório prático na área da unidade cristã, entre líderes e futuros líderes daquelas diversas denominações. Todos se respeitavam e procuravam compartilhar entre si, despretensiosamente, crenças e práticas comuns das igrejas representadas. Exercitávamos a tolerância, o respeito e a solidariedade mútua. Foi minha mais profunda e significativa experiência na área da unidade cristã. O Pastor Renê, com a ajuda do Espírito Santo, sabia como conduzir um grupo tão heterogêneo, de modo tão respeitoso e edificante, como quem regia uma verdadeira orquestra!

- **Aperfeiçoamento do Caráter.** A santificação pessoal deveria se refletir nas relações em que cada seminarista se envolvesse, tanto no ambiente do STEB, quanto no ambiente das igrejas onde estagiávamos, bem como nas relações familiares, comerciais e sociais de um modo geral. As abordagens pastorais nessa área partiam do padrão bíblico apresentado no Novo Testamento, o qual eleva a pessoa vocacionada à condição de modelo do rebanho de Cristo.

Daí a valorização da idoneidade, da conduta ilibada, do exemplar exercício da cidadania, dos cuidados familiares, dentre outros, tudo orientado pelos mais sagrados preceitos da ética cristã. O testemunho cristão dos obreiros do Senhor era realçado como imprescindível referência e base de sustentação moral à pregação do Evangelho. Aqui se exigia um grau de responsabilidade cuja expressão pressupunha a existência de suficiente maturidade, cujo alcance se condiciona a uma vida de oração e inteira dependência da graça de Deus, pois, de acordo com o Apóstolo Paulo, nossa capacidade vem de Deus (2 Coríntios 3:1-11).

- **Dependência de Deus.** Trago em minha lembrança muitas experiências relacionadas às orações respondidas ali no STEB. Eu precisava participar daqueles momentos e aprender, na prática, o que significava viver na dependência do Senhor, um exercício diário na vida de todo cristão e, em especial, dos condutores de suas igrejas. Na Marinha eu tinha meu salário garantido e boas chances de crescimento na carreira. Mas, e no Ministério Pastoral? Ou aprendia a depender do Deus-Patrão ou deveria procurar outra carreira e outro patrão. Por isso Ele tratou comigo nessas áreas e me ajudou a entender que Ele é o Deus Provedor e que, como um pai, provê o necessário ao sustento dos seus servos, bem assim ao sustento de sua Obra! A inspiração aqui se baseava em Mateus 6:25-34.

- **Paixão pela Igreja.** O Pastor Renê chamava a atenção dos seminaristas para um dos temas frequentemente abordados por ele, quer nas salas de aula, quer nos cultos na Capela: amor à Igreja do Senhor Jesus Cristo. Desejava que os estudos sobre a igreja contribuíssem para o atendimento às demandas apresentadas por uma igreja que se dispôs irromper, de maneira responsável, ordeira e consequente, em todas e quaisquer estruturas engessadoras da Missão. Homem de rara paixão pelo apascentamento do rebanho de Cristo, deixava-se desgastar em sua tarefa de lapidar jovens vocacionados ao pastoreio das ovelhas de Jesus. A passagem bíblica que inspirava sua devoção nessa área era Colossenses 1:24-29. O STEB, cognominado "Casa de Profetas", estava comprometido em promover um preparo teológico e prático, visando o exercício de um ministério bem fundamentado nas orientações da Palavra de Deus, sob o poder do Espírito Santo, daí seu *slogan*: Ensinando a Palavra no Poder do Espírito.

- **Paixão por Cristo e pelo Ministério.** Aprendemos que a maior motivação para o exercício do Ministério da Palavra de Deus deveria ser o amor a Jesus e, em segundo plano, o amor à sua igreja e à evangelização. O ideal que se buscava consistia em alcançar um nível de preparação no qual todos, rapazes e moças, estivessem prontos para renunciar o que Deus pedisse e, por amor ao Cristo Crucificado e Ressurreto, oferecerem o máximo de si na realização de sua vontade, fosse no cuidado das suas ovelhas, fosse na tarefa da evangelização do mundo, fosse no cuidado dos necessitados. A passagem bíblica que inspirava esse ideal era João 21:15-23. O mercenarismo, a busca do poder e da fama, o personalismo, o egoísmo, o individualismo e outras vaidades eram alvos de constantes advertências, pois constituíam verdadeiros perigos para qualquer Ministro de Cristo. Um dos cânticos mais entoados no chamado Culto da Capela traduzia muito bem esse propósito:

ESTOU PRONTO

Nem sempre será pra o lugar que eu quiser,
Que o Mestre me tem de mandar;
É tão grande a seara já a embranquecer,
A qual eu terei de ceifar.
Se, pois, a caminho que nunca segui,
A voz a chamar-me eu ouvir,
Direi: 'Meu Senhor, dirigido por ti,
Irei tua ordem cumprir.'

Eu quero fazer o que queres, Senhor;
Serei sustentado por Ti.
E quero dizer o que queres, Senhor,
Que o servo teu deva dizer.

Eu sei que há palavras de amor e perdão,
Que aos outros eu posso levar;
Porque nas estradas dos vícios estão
Perdidos que devo ir buscar.
Senhor, se com tua presença real
Tu fores pra fortalecer,
Darei a mensagem de servo leal,
Farei, meu Senhor, meu dever.
Eu quero encontrar um obscuro lugar
Na seara do meu bom Senhor;
Enquanto for vivo, sim, vou trabalhar
Em prova do meu grato amor.
De ti meu sustento só dependerá;
Tu, pois, hás de me proteger;
A tua vontade, sim, minha será;
E eu, pronto o que queres a ser.

Autores: Mary Brown (1850-1900); Charles Esther Pryor (1856-1927) e Carrie Esther Rounsefell (1861-1930). Cantor Cristão, nº 298)

A brilhante formatura da Turma 1970, denominada "Turma Renê Pereira Feitosa", aconteceu no dia 03 de dezembro de 1970, no lindo templo da Igreja Batista da Floresta, à Rua Ponte Nova, 615, em Belo Horizonte. Éramos doze formandos, egressos de quatro cursos, sendo Bacharel em Teologia: Euphrásio de Andrade Júnior, Márcio Roberto Vieira Valadão, Milton Francisco de Souza; Teologia Cristã: Alcides Cordeiro, Aluísio Laurindo da Silva, Eli Dias de Melo, Gladicélio Corrêa, Josibel de Moura Rocha; Educação Cristã: Maria das Graças Lima Souza e Curso Bíblico: Neujanir Costa, Cordovil Louzada de Melo e Gonçalo Costa. O santuário estava lotado. Dentre os convidados, além de meu pai José Laurindo, minha mãe Emiliana, meus irmãos José, Elisete e Dorcas, tive a grata satisfação de contar com a presença da Ivone, minha noiva, do Cabo Pedro de Moura, meu querido conselheiro dos tempos do Riachuelo, do Sgt Xavier, membro da Igreja Batista Getsêmani e do meu Pastor, Joel Ferreira.

Pastor Joel Ferreira, Paraninfo da Turma

Pastor Renê Feitosa entrega diploma ao formando Aluísio

Após a formatura e por solicitação do Pastor Renê, a Igreja Batista Getsêmani requereu a convocação do Concílio que me examinou e ordenou ao Ministério da Palavra de Deus, no dia 18 de janeiro de 1971, por ocasião da IVª Assembleia Geral da Convenção Batista Nacional, no Auditório Evaldo Lodi, Senai, Rua Joana Alves nº 19, Benfica, Rio de Janeiro – RJ.

Pastor Joel Ferreira, familiares e amigos do Aluísio

Assim, minha primeira missão, já como ordenado, foi como Assessor Administrativo do STEB e colaborador em igrejas locais, em Belo Horizonte, após o que, à semelhança do que havia acontecido com grande parte dos meus

Foto de formatura de Aluísio

Auditório do SENAI, Benfica, Rio de Janeiro – Momento preparação para e Ato de Imposição de Mãos

Ato de Imposição de Mãos

colegas, iria iniciar o exercício do pastorado, como titular.

O STEB foi o local onde Deus marcou positiva e profundamente minha vida para o cumprimento de sua missão neste mundo! Assim, o seminário funcionou também como verdadeira base de formação, treinamento e envio de obreiros destinados às mais diversas partes da seara do Mestre! Jamais poderia antever os caminhos por onde teria de passar, nem o que me esperaria em cada um deles! Mas havia aprendido que o mais importante era conhecer, aceitar, fazer a vontade de Deus e confiar em sua infalível presença, divina proteção e provisão.

Num certo dia do mês de agosto de 1971, chegou a hora de dar adeus ao querido STEB, casa onde muito aprendi por meio dos ensinamentos recebidos, dos exemplos dos obreiros veteranos e também dos meus colegas. Ao atravessar seus portões e colocar meus pés novamente na Rua das Pedrinhas, meu coração batia forte sob o impacto dos votos ministeriais que havia assumido de servir ao Senhor durante minha passagem por este mundo. Mais do que nunca as palavras de São Paulo Apóstolo adquiririam um significado pessoal para mim, cuja efetiva realização procuraria buscar ao longo da carreira ministerial, com a ajuda do Senhor que me vocacionou: "Porém em nada considero a vida preciosa para mim mesmo, contanto que complete a minha carreira e o ministério que recebi do Senhor Jesus para testemunhar o evangelho da graça de Deus" (Atos 20:28).

CAPÍTULO X

GRAÇAS ALCANÇADAS

Quem sai andando e chorando, enquanto semeia, voltará com júbilo, trazendo os seus feixes. —Salmo 126:6

A história contada em O Resgate de um Fuzileiro se inicia com as raízes familiares e gentílicas deste autor, concentra-se no período de prestação de serviço militar no Corpo de Fuzileiros Navais e segue com informações sobre a vida no Seminário Teológico, capítulo esse que se finaliza com sua saída para os campos de trabalho.

Decorridos 53 anos da despedida do Batalhão Riachuelo, gostaria de apresentar um breve relato alusivo a conquistas alcançadas e obras realizadas, ou seja, dar o pronto da missão, como segue:

1. **Família:** No dia 4 de dezembro de 1971 casei-me com Ivone Guedes, jovem goiana que conheci no STEB. Desse casamento, o Senhor nos deu 2 filhos (Aluísio Júnior e Gidalti), 2 noras (Anielle e Deise) e 5 netos: Nathálie, Lucas, Luiz Felipe, Bênjamim e Sayuri.

STEB – Aluísio e Ivone no STEB

Aluísio e Ivone – após a cerimônia de casamento. Goiânia, 11/12/1971

2. **Pastorados:** Pastoreei igrejas nos estados de Minas Gerais, Espírito Santo, Pará, Amapá, Maranhão e Goiás.

3. **Cargos eclesiásticos:** Exerci, dentre outros, a Presidência da Ordem dos Ministros Batistas Nacionais, integrei a Diretoria da Convenção Batista Nacional e fui titular da Coordenação de Expansão Missionária dos Campos Missionários da Amazônia (Igreja Metodista).

4. **Assistência Religiosa nas Forças Armadas e Auxiliares:** Prestei serviços pastorais como assistente religioso voluntário junto ao IV Distrito Naval (Marinha do Brasil – Belém), à 8ª Região Militar (Exército Brasileiro – Belém), à Base Aérea de Belém e à Polícia Militar do Pará. Servi como Capelão do Corpo de Bombeiros Militar do Estado do Pará. A pedido de representantes das denominações dos Capelães Militares Pastores, recebido dia 13 de agosto de 2003, articulei a criação da Aliança Evangélica Pró-Capelania Militar e de Segurança Pública do Brasil (ACMEB), cuja presidência exerci, a título voluntário, de 2005 a 2020, exceto os anos de 2015 a 2017. Acumulei durante todo esse período a Secretaria Geral da entidade. Na qualidade de Presidente da ACMEB integrei a Comissão dos Serviços de Assistência Religiosa das Forças Armadas (COSARFA), no Ministério da Defesa, criada pela Portaria nº 101/MD, de 17 de janeiro de 2012. A partir de 2010 tenho dedicado atenção, a título de colaboração voluntária, ao

QCG/CBMPA - Formatura no Estágio de Instrução e Adaptação a oficial capelão do CBMPA

Foto com farda junto a uma viatura do CBMPA

Programa de Assistência Religiosa e Espiritual decorrente da parceria celebrada entre o Corpo de Bombeiros Militar do Estado de Goiás, a Fundação D. Pedro II e a ACMEB.

UFES – Formatura em Letras, janeiro de 1977

5. **Vida acadêmica:** A realização de palestras, a enunciação de sermões, a prática dos atos pastorais e outras atividades relacionadas ao exercício do sagrado ministério exigiram de mim leituras, pesquisas constantes e a realização de diversos cursos, com redobrados esforços, dentre os quais destaco os seguintes: Curso de Promotores de Polícia Comunitária (SSPJ/GO), Redação e Técnica Legislativa (Senado Federal & ILB), Licenciatura Plena em Letras (UFES), Bacharel em Teologia (STEN), Ciclos de Estudos sobre Segurança e Desenvolvimento (ADESG/PA), Estágio de Instrução e Adaptação de Oficial Capelão (CBMPA), Especialização em Estudos Wesleyanos (UMESP), Especialização em Direito Constitucional (FIS), Mestrado em Teologia e Doutorado em Ministério (LBTS & SBB).

Virgínia Beach, USA – Conferência Mundial de Militares Cristãos, outubro de 1994

Valinhos/SP – Retiro de Capelães Militares Pastores, 2018

6. **Participação de eventos:** Tive oportunidade de participar de diversos eventos alusivos à assistência religiosa e espiritual a

Medalha Tiradentes outorgada pelo Governo do Estado do Pará e Comando da PMPA

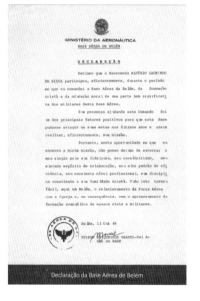
Declaração da Base Aérea de Belém

militares e policiais, no Brasil e no exterior, sendo o maior deles a Conferência Mundial de Militares Cristãos, em Virgínia Beach, EUA, 1994, com a presença de 1.100 pessoas, representantes de 98 países.

7. **Seminário de Capacitação e Retiro Espiritual:** Na qualidade de Presidente e Secretário Geral da ACMEB fui incumbido de planejar e coordenar esse evento, destinado a Capelães Militares Pastores, membros das Forças Armadas, Polícias Militares e Corpos de Bombeiros Militares, de 2010 a 2019, uma experiência pastoral singular e inesquecível.

8. **Produção literária e documental:** Ao longo das atividades pastorais, tive o privilégio de escrever muitos estudos, artigos, textos normativos e obras de pequeno porte. Na área específica da Capelania, Deus me concedeu a graça de poder integrar a seleta equipe de escritores que, sob a liderança do TCel Capelão PMDF Pastor Gisleno Gomes de Faria Alves, produziu o Manual do Capelão . Tive também a oportunidade de redigir e coordenar a edição e publicação do Manual de Ofício Fúnebre

para ser utilizado durante a pandemia da Covid-19, além de outros documentos e estudos referentes à missão pastoral evangélica no ambiente civil, militar e policial.

Recebimento de comenda no pátio da BABE

9. **Amizades:** Agradeço a Deus pelo rol de amigos que Ele me deu ao longo da vida. Alguns são militares membros das Forças Armadas, outros são das Forças Auxiliares, outros são civis, sendo eles de diversas religiões. Uma referência à parte é feita a muitos ex-paroquianos cuja comunhão fraternal tem atravessado os anos e as distâncias, os quais intercedem constantemente junto ao trono de Deus a meu favor e do trabalho que tenho realizado para Ele, pois sozinho jamais teria chegado a lugar algum.

Foto no Gabinete do Cmt Cel Gardel após receber a comenda da BABE

Diploma de Colaborador Emérito do Exército Brasileiro, outorgado pelo Comando Militar do Leste, 19/04/2016

Graças a Deus, são incontáveis os frutos dos trabalhos realizados no decurso dos anos. O reconhecimento tem sido demonstrado de diversas formas, desde um muito obrigado, uma troca de oração, até a outorga de títulos honoríficos, muito embora não tenhamos feito da busca deles um incentivo ao exercício do mandato do Senhor. Guardo com carinho a Medalha do Mérito Tiradentes (PMPA), a Declaração do Comandante da Base Aérea de Belém, Coronel Aviador Nylson

Foto recebendo o Diploma de Colaborador Emérito do Exército Brasileiro

Medalha do Mérito D Pedro II outorgada pelo Governador do Estado de Goiás e Comando do CBMGO Goiânia, 29/06/2017

de Queiroz Gardel, o diploma de Colaborador Emérito do Exército Brasileiro, a Medalha da Ordem do Mérito Dom Pedro II – Grau Comendador (CBMGO), além de outros símbolos de gratidão.

Louvado seja Deus, que tem me ajudado a cumprir inúmeras missões, muitas delas, às vezes, realizadas com grande esforço e até sob provação. Mas, ao seu término, têm-se recolhido frutos, verdadeiras graças concedidas por Ele, em cumprimento da Escritura Sagrada que assim afirma: "Quem sai andando e chorando, enquanto semeia, voltará com júbilo, trazendo os seus feixes" (Salmo 126:6).

Foto Medalha do Mérito D Pedro II outorgada pelo Governador do Estado de Goiás e Comando do CBMGO

CONCLUSÃO

*Que darei eu ao Senhor por todos
os benefícios para comigo?* —Salmo 116:12

Gosto de praticar exercício mnemônico, à semelhança do salmista Davi (Salmo 103), o que sempre me leva a perguntar a mim mesmo: "Que darei eu ao Senhor por todos os benefícios para comigo?" (Salmo 116:12).

Lembro-me que ao me despedir do Batalhão Riachuelo, em março de 1968, deixei aberta uma única condição de retorno à vida militar: o exercício da Capelania Militar! As experiências que tive na direção da União dos Evangélicos do Batalhão Riachuelo, a influência do Capelão Padre Castenor e do livro do Capelão Pastor Merlin Carothers fizeram com que sempre me lembrasse desse assunto em minhas orações.

No início de 1974, quando pastoreava a Igreja Batista Monte Sinai, em Vila Velha, ES, participei de um encontro de oração que acontecia aos sábados pela manhã, no Monte da Fonte Grande, situado em Vitória, capital do estado. Foi numa daquelas manhãs que o Espírito Santo falou comigo de maneira muito clara, quando meditava sobre a crucificação de Jesus, a partir do relato de Marcos 15:22-41. Ele me disse que parte de minha missão no mundo incluía a apresentação da mensagem do Senhor Jesus Cristo aos militares. Assim, concluí que o chamado ministerial que Deus me havia dado incluía a área da Capelania Militar.

No ano de 1979, quando pastoreava a Igreja Batista Missionária da Amazônia em Belém do Pará, Deus usou o Vice-Almirante José Calvente Aranda, então Comandante do IV Distrito Naval, Marinha do Brasil,

Autorização do IV Distrito Naval (Belém – PA)

Autorização da 8ª Região Militar – Belém/PA

para me levar de volta ao quartel, na condição de assistente religioso voluntário junto àquela grande organização militar, a partir do Grupamento de Fuzileiros Navais de Belém. Daí, para minha surpresa e alegria, minha missão se estendeu a organizações do Exército Brasileiro, da Força Aérea Brasileira, da Polícia Militar e do Corpo de Bombeiros Militar do Estado do Pará, força da qual mais tarde me tornaria capelão institucional, até ser transferido para a reserva no posto de capitão. Por tudo isso e muito mais, estou convencido de que o Senhor cuida de seus servos e os galardoa de uma forma inexplicável, inclusive restituindo duplicadamente aquilo de que abrimos mão em atitude de submissão ao seu Senhorio!

As referências que fiz neste livro quanto às conquistas e obras realizadas e, em especial, ao meu retorno ao quartel, confirmam a eficácia da operação resgate realizada em minha vida pelo Espírito Santo, o ajuste vocacional que experimentei e a bênção de Deus sobre uma caminhada ministerial que, por sua graça e misericórdia, já completou mais de 50 anos.

Ao começar a tomar consciência da vida, nos meus tempos de criança, jamais poderia imaginar que, no vigor da juventude, enfrentaria as dificuldades que aqui relatei. Bendito seja Deus que me amou, me alcançou e me resgatou das forças mortais que ameaçaram se apoderar de mim e que quase me fizeram naufragar no oceano da vida. O Senhor me transformou e mudou radicalmente a trajetória que eu havia traçado para mim mesmo, inclusive e principalmente na área vocacional e profissional. Ele me ajudou a descortinar o sentido de minha própria existência e, no decurso dos anos, tem me sustentado com vida, tem me dado a conhecer seus maravilhosos planos, bem como forças realizá-los, o que me faz sentir muitíssimo feliz e com o coração cheio de gratidão.

Assim, ao jovem fuzileiro que foi resgatado de um horrendo abismo existencial, o Senhor agraciou, vocacionou, capacitou e delegou inúmeras missões, as quais contribuíram de maneira extraordinária para dar significado à sua própria vida, bem como para abençoar muitos militares e civis em diversas partes do Brasil.

Estou certo de que o Senhor Deus não cobra as bênçãos que concede aos seus filhos e filhas, mas aceita e se agrada de suas manifestações de gratidão, como forma de verdadeira expressão de culto. É por isso que, de minha parte, sinto-me eternamente devedor de minha própria vida a Deus Pai, Deus Filho e Deus Espírito Santo, a quem desejo servir enquanto estiver neste mundo e puder respirar.

Ao abrir o meu coração e compartilhar o que você, prezado leitor, acaba de ler, sinto-me no solene dever de concluir meu testemunho declarando que o Senhor Jesus Cristo o ama, de igual modo, e que, assim como me abençoou, deseja alcançar seu coração e sua vida com a graça salvadora e transformadora, a fim de que você também possa tomar posse das inefáveis bênçãos que Ele tem para sua vida, sua família e todas as pessoas e instituições com as quais você se relaciona ou venha a se relacionar.

Concluo este testemunho expressando meus agradecimentos a você que participou comigo de uma viagem que aqui se encerra. Espero que, de alguma forma, as histórias contadas tenham contribuído para a edificação de sua vida pessoal, familiar e profissional.

O RESGATE de um **FUZILEIRO**

O Senhor é bom e a sua misericórdia dura para sempre.
Bendito seja o Nome do Senhor, para todo o sempre!
ADSUMUS!